Grandes errores que cambiaron la historia

PERE ROMANILLOS

Grandes errores que cambiaron la historia

PERE ROMANILLOS

GRANDES ERRORES QUE CAMBIARON LA HISTORIA

Edición Especial para:
DIRECT BRANDS, INC.
One Penn Plaza, 250 West 34th Street, 5th Floor
New York, NY 10119
U.S.A.

Impreso en U.S.A. - Printed in U.S.A.
ISBN:
Depósito legal

ISBN# 978-1-61129-818-5

Hay dos cosas infinitas:
el universo y la estupidez humana,
y no estoy seguro de la primera.

Albert Einstein

Índice

Introducción

En plena era de la informática, el gran aliado de cualquier escritor (aparte de internet y el socorrido café) es la mágica combinación de dos teclas: CTRL + Z. Un simple gesto que nos permite deshacer la última operación realizada y evitar algún desaguisado impublicable. Lástima que no exista esta especie de cibergoma de borrar en la vida real. ¡Cuántas meteduras de pata nos ahorraríamos!

Porque, seamos sinceros, no somos infalibles. La historia de la humanidad está repleta de errores y malas, pésimas decisiones. Que si la Tierra es plana, que si por ahí se va a las Indias, que si este barco es insumergible, que yo te invado Rusia en tres meses... Y es que, durante siglos, hemos demostrado (con creces) que nuestra estupidez puede llevarnos a las más altas cotas del fracaso: guerras, enfermedades, plagas, accidentes, catástrofes y crisis mundiales que podían haberse evitado con un poquito más de prudencia y sentido común. La experiencia es un grado y hemos aprendido de algunos resbalones. Pero basta echar un rápido vistazo a la historia para comprobar que una y otra vez volvemos a tropezar con las mismas piedras.

Ya sea por pura mala fortuna, una idea equivocada o una preparación deplorable, muchos de los errores históricos que aparecen en este libro han tenido funestas consecuencias. Desde la expulsión del jardín del Edén por comernos la fruta prohibida, el ser humano ha acumulado una buena colección de desatinos. Lapsus y tropiezos que han costado la vida de cientos o miles de personas, decisiones fallidas que han provocado la caída de imperios, órdenes que han hundido la economía de países enteros...

CTRL + Z: Un simple gesto que nos permite deshacer la última operación realizada y evitar desaguisados de calibre importante.

Pero basta echar un rápido vistazo a la historia para comprobar que **una y otra vez volvemos a tropezar** con las mismas piedras.

La fe hizo estragos durante la caza medieval de brujas, un error por el que habría que pedir perdón.

¡Locos o visionarios?

Todos hemos metido la pata alguna vez. La razón nos juega malas pasadas y fracasamos en algo que, en principio, parecía una idea genial. Eso mismo debió pensar Aníbal cuando se empeñó en cruzar los Alpes con un ejército de 60.000 hombres, 8.000 caballos y 50 elefantes; Napoleón y Hitler, cuando decidieron marchar sobre Rusia, o Colón, cuando hizo las Américas convencido de que andaba por Japón. Hoy, nos parecen auténticas locuras, pero en su momento estaban completamente convencidos de lo que hacían. Para Anaximandro, la Tierra era redonda y punto; Ptolomeo nos puso en el centro del Universo; el arquitecto de Pisa quería una torre recta; Custer se lanzó contra un ejército de miles de indios seguro de su victoria; Coca-Cola cambió el sabor de su refresco convencida de vender mucho más; en París creían que Hitler nunca cruzaría la Línea Maginot...

Tambien es cierto que, a veces, las circunstancias, el entorno o el momento histórico no facilitaron las cosas.

Es fácil reírse ahora de los astrónomos griegos o de los grandes exploradores, pero pensemos que no disponían de la avanzada tecnología actual.

Cuando tenemos que optar entre un plan A y un plan B, hay que contar con muchos factores que pululan en nuestra indecisa mente: grandes errores de la humanidad han sido provocados por momentos de rabia, envidia, codicia, fe, orgullo, lujuria, pereza, amor o desamor. La codicia de Eva nos sacó del Paraíso; César pecó de orgulloso el día que murió en el Senado; la fe hizo estragos durante la caza medieval de brujas; la codicia de Hitler le hizo fracasar en Rusia... Visto en perspectiva, parecía sencillo no meter la pata en la mayoría de los casos. Igual sí, pero la historia se ha escrito con todos nuestros logros... y nuestros batacazos. Nos guste o no, somos así.

Contenido del libro

La obra se divide en ocho apartados: Historia; Ciencia y Medicina; ¡Es la guerra!; Negocios; Tecnología; Medio Ambiente; *Errare humanum est* y Errores fatales. Una larga lista de meteduras de pata explicadas en un tono sencillo y directo. Un paseo por todos aquellos errores, equívocos y malas decisiones, sus protagonistas y los cambios y consecuencias que provocaron. No están todos los que son pero sí son todos los que están. Probablemente, seguiremos equivocándonos, pero está bien conocer el camino que ya hemos recorrido. Y es que, como dijo el filósofo y ensayista George Santayana, «aquellos que no recuerdan el pasado, están condenados a repetirlo».

Quizás, a veces, los errores no son tan inocentes como parecen.

Para no cometer errores de bulto, en la NASA hasta se han olvidado de los viajes espaciales. Un par de transbordadores destrozados y la falta de una perspectiva económica rentable han lastrado la aventura espacial. **Arriba**, imagen de la película *Viaje a la luna*, de Georges Méliès, rodada en 1902.

HISTORIA

¡Eso no se come!

ERROR: Comer el fruto prohibido.

¿Quién? Adán y Eva.

¿Cuándo? 4004 a.C., según la Cronología Ussher.

Consecuencias Los madrugones de cada día, aguantar al jefe, no llegar a fin de mes, las enfermedades... En definitiva, todo, absolutamente todo lo malo.

Al poco tiempo de andar por este mundo, ya metimos la pata a lo grande. Según la tradición judía, cristiana y musulmana, Adán y Eva fueron los primeros seres que poblaron la Tierra.

Allí nos dejó Dios con la única obligación de crecer y reproducirnos. En pleno jardín del Edén, aquel paraíso era un auténtico chollo. Eternamente de vacaciones en un hotel de 5 estrellas, rodeados de naturaleza, sin enfermar y, lo mejor de todo, ¡sin trabajar! ¿Se puede pedir algo más? El Creador sólo nos puso una pequeña e insignificante condición: no comer los frutos prohibidos del llamado «árbol del conocimiento del bien y del mal» si no queríamos ser expulsados del paraíso.

Parecía fácil obedecer algo tan simple pero, siempre según la tradición religiosa, el demonio disfrazado de serpiente (identificado como Satán o Shaitan, «el tentador») aprovechó la debilidad humana para tentar a Eva y engañarla para que desobedeciera al jefe. ¡Y vaya si se salió con la suya! Nuestra madre primigenia cayó en el engaño, se zampó el fruto prohibido y no contenta con eso, invitó a Adán al festín.

Eva ofrece la manzana a Adán mediante un juego. ¿Quién podría resistirse? Como niños maleducados o simplemente como niños, no pudieron resistir la tentación de desobedecer a su creador, inconscientes del peligro. ¿Ha de pagar el resto de la humanidad por ese acto inocente? No todas las creencias piensan lo mismo.

Menuda se armó

Dios cumplió su amenaza y castigó a la especie humana, expulsando del paraíso a nuestros bisbisbistatatarabuelos y antes de salir por la puerta de atrás nos metió en el equipaje la muerte, el dolor, la vergüenza y el trabajo (que lleva a la civilización). El mosqueo de Dios fue mayúsculo: «Con el sudor de tu frente comerás el pan hasta que vuelvas a la tierra, porque de ella fuiste tomado; pues polvo eres, y al polvo volverás» (Génesis 3: 19) o «parirás a tus hijos con dolor» (Génesis 3: 16).

Esta metedura de pata se conoce como «el pecado original» en las tres religiones abrahámicas, aunque su interpretación es muy distinta. Mientras que la Biblia cul-

Una curiosa serpiente con torso de mujer emerge de las piedras en la fachada de Nôtre Dame, culpabilizando doblemente al género femenino, víctima en todas las religiones de los pecados celebrados por sus congéneres varones.

¿En qué punto de la evolución el hombre decide desobedecer y volverse inteligente, elevando su mano hacia el árbol del conocimiento?

pa sobre todo a Eva por caer en la tentación del fruto prohibido, según el Corán la metedura de pata fue de ambos y todo quedó zanjado con el castigo recibido, es decir, con la expulsión del Paraíso. El islam no condena a la naturaleza humana como tal y además rechaza explícitamente que otro pague por los errores de los demás: «Nadie cargará con la culpa ajena» (Sura 17, versículo 15).

Lo que dice la ciencia

Más allá de lo que dictan las Sagradas Escrituras, la comunidad científica coincide en que evolutivamente tenemos un antepasado común masculino y otro femenino, a los cuales se les nombra también con sus símiles religiosos. A la Eva científica se la conoce como Eva mitocondrial, una mujer africana que poseía las mitocondrias de las cuales descienden todas las mitocondrias de la población humana actual. Es decir, sólo la Eva mitocondrial produjo una línea completa de hijas hasta nuestros tiempos; por lo cual, es el ancestro femenino del cual proviene toda la población actual. Pero ¿qué es eso de las mitocondrias? Son elementos celulares que tan sólo se pasan de la madre a los hijos. Según la teoría genetista, los seres humanos modernos (*Homo sapiens*) se originaron en África hace entre 100.000 y 200.000 años.

Al Adán científico se lo conoce como Adán cromosomal. Así como las mitocondrias se heredan por vía materna, los cromosomas lo hacen por vía paterna. De esta forma, todos descendemos también del mismo padre.

El fruto prohibido

Pero volvamos al fruto de la discordia. Seguro que te viene a la cabeza una manzana, ¡gran error! Los textos sagrados nunca especificaron la naturaleza del polémico fruto. La Biblia dice: «Vio, pues, la mujer que el árbol era bueno al gusto y hermoso a la vista y deseable para alcanzar por él la sabiduría, y tomó de su fruto y comió, y dio de él también a su marido, que también con ella comió» (Génesis 3: 6). Así que, de manzana, nada de nada. Esta falsa idea surgió durante la Edad Media, cuando las palabras «mal» y «manzana» tenían el mismo término en latín: *malum*. Además, la manzana es uno de los primeros frutos que se cultivaron en Asia Menor, ya en los alrededores del año 1200 a.C. Entre los posibles candidatos a fruto prohibido, el higo es el más aceptado por los expertos bíblicos. Se basan en el hecho de que una vez probado el fruto, Adán y Eva se dieron cuenta que estaban desnudos «y se cubrieron con hojas del mismo árbol del cual habían tomado la fruta» (Génesis 3: 7). De hecho, en muchas miniaturas medievales se representa a Eva y Adán tomando el fruto de una higuera.

Los eruditos hebreos se inclinan por la granada, y señalan para ello las referencias históricas. Esta fruta redonda, de corteza roja y coriácea, abundante en semillas y de jugosa carne comestible, se venía cultivando en Egipto desde mucho antes de la época de Moisés.

¿Cuándo ocurrió todo esto?

En el siglo XVII, el arzobispo anglicano James Ussher (1581-1656) se atrevió a ponerle fecha al nacimiento de la humanidad. Según su famosa cronología (*Annales veteris testamenti, a prima mundi origine deducti - Anales del Antiguo Testamento, derivados de los primeros orígenes del mundo*) el primer día de la creación comenzó el atardecer anterior al domingo 23 de octubre del año 4004 a.C. del calendario juliano. ¿Y cómo fue capaz de afinar tanto en la fecha? Por aquel entonces, existía la creencia de que la vida potencial de la Tierra era de 6.000 años (4.000 años antes del nacimiento de Cristo y otros 2.000 años más). Siguiendo una sugerencia del astrónomo alemán Johannes Kepler (1571-1630), Ussher vinculó el oscurecimiento del cielo du-

¿Higo o manzana? Es muy probable que el árbol de la tentación fuera una higuera y sus hojas sirvieran a la vez de primera vestimenta. ¿Pero, y si fue una granada? Bueno, sus hojas son demasiado pequeñas.

James Ussher fechó el nacimiento de la humanidad el 23 de octubre de 4004 a.C.

rante la crucifixión de Jesús con un eclipse solar que habían estudiado los astrónomos de la época. Dicho cálculo hizo que retrasara la fecha de la Creación en cuatro años, fijándola en la curiosa fecha de 4004 a.C.

Según estos cálculos, el fin del mundo habría llegado en 1997, menos mal que andaban un poco equivocados... Ussher también se atrevió a ponerle fecha a otros famosos episodios bíblicos. Ahí van los más jugosos:

- 4004 a.C.: la Creación
- 2348 a.C.: el diluvio universal
- 1491 a.C.: el éxodo de Egipto

El tratado de Ussher tuvo una aceptación generalizada entre los líderes científicos y religiosos europeos de la época, y su cronología acabó figurando impresa en los márgenes de la misma Biblia. Allí permaneció hasta bien entrado el siglo XIX.

La versión de los griegos

El error primigenio de Adán y Eva ha dado mucho de sí a través de los tiempos. Una jugosa historia que los griegos reconvirtieron en el famoso mito de Pandora, el *alter ego* de Eva o la primera mujer humana, pero con toques algo más complejos e incluso escabrosos. Según el mito, los hombres vivían como reyes en el jardín del Edén. Eran inmortales, no trabajaban ni tampoco envejecían. Eso sí, no disponían de sabiduría propia (bobos, pero contentos) y

¿Por dónde cae el Edén?

Según la Biblia, el Edén fue un huerto o jardín localizado «*al oriente*», en una región que se hallaría en el actual Oriente Medio, o Próximo, según se mire.

De este jardín salía un río que se dividía en cuatro: el río Pisón (que rodeaba la tierra de Havila), el río Gihón (que rodeaba la tierra de Cus, actual Etiopía), el río Hidekel (actual río Tigris) y el río Éufrates. Menuda anomalía geográfica. La ubicación tradicional del jardín del Edén es desconocida; pudo estar en la actual Iraq, en Jordania e incluso en Turquía o Armenia, al sur del lago Van, cerca del monte Ararat.

Se cree que años más tarde, las agitadas aguas del Diluvio hicieron desaparecer el mítico jardín, por lo que su ubicación llegó a ser desconocida. La única constancia que quedó de su existencia fue la del registro divino (Génesis 2:15); aunque, a lo largo de la historia, también se ha situado en el monte Safón (Siria), en Hebrón (en un tiempo, el valle más fértil de la Palestina meridional) o en la mismísima Jerusalén.

por orden de Zeus estaban a expensas del capricho de los dioses. Todo controlado hasta que Prometeo robó el fuego y lo entregó a los hombres otorgándoles sabiduría. Menudo mosqueo agarró Zeus. Como castigo nos mandó a la bella y atractiva Pandora acompañada de una misteriosa vasija (lo de la caja fue un invento del Renacimiento). ¿Qué había dentro? Nada más y nada menos que todos los males del mundo: envidia, odio, avaricia, pobreza… y la muerte. Menudo regalito. Para darle más morbo, Zeus pidió al dios Hermes que le inculcara la falsedad, la mentira y una insana curiosidad. Antes de mandarla con los hombres, advirtió a Pandora que, en ningún caso, abriera el ánfora. Como Eva, no pudo resistir la tentación y abrió el regalito, esparciendo por la tierra su maléfico contenido. Pandora volvió a cerrar el recipiente, pero ya era demasiado tarde: en su interior sólo quedó la esperanza…

En la página anterior, **dramática representación de Prometeo encadenado.** El héroe griego robó el fuego, metáfora del conocimiento, y lo entregó a los hombres. Su osadía fue castigada por Zeus, que ordenó encadenarlo a una roca mientras un águila le roía las entrañas cada día. El infierno griego no dista mucho del cristiano.

Un regalo con trampa

ERROR: Aceptar un caballo hueco de madera repleto de soldados enemigos y armados hasta los dientes.

¿Quién?
Los troyanos.

¿Cuándo?
En torno a 1194-1184 a.C.

Consecuencias
La destrucción de Troya a manos de los aqueos.

«Erguido sin piedad en medio del recinto, el caballo vo-
mita guerreros, y Sinón, victorioso, insolente, incendios
provoca. Otros están a las puertas abiertas, cuantos a
miles llegaron de Micenas la grande; otros han ocupado
con lanzas enhiestas las calles estrechas.
Se levanta una línea de hierro, dispuesta a morir, traza-
da de filos brillantes; apenas intentan la lucha los pri-
meros centinelas de las puertas y resisten a ciegas.»

La Eneida, *Publio Virgilio Marón*

¿A quién se le ocurre aceptar un rega-
lo de su más temido enemigo y encima guardarlo en casa? Así sucedió en
la famosa guerra de Troya, en torno al
siglo XII a.C., aunque todavía no está
claro si es un mito legendario o un conflicto bélico que sucedió en realidad.
Y es que la mayoría de los hechos acon-
tecidos en esta guerra son conocidos
gracias al ciclo de poemas épicos escritos en la *Ilíada* y la *Odisea*, atribui-
das a Homero. Según el autor griego,
se trataría de una expedición de castigo por parte de los aqueos, cuyo *ca-*
sus belli fue la fuga (o rapto) de Helena de Esparta, esposa del rey Menelao,
a manos del príncipe Paris de Troya.

Más allá de relatos legendarios, la
realidad es que Troya disfrutaba de un
enclave estratégico comercial muy en-
vidiado por los griegos. La ciudad dominaba el estrecho
de los Dardanelos, que comunica el mar Mediterráneo con
el mar Negro, y además las costas de Asia Menor. Dicha lo-
calización le permitía ejercer un monopolio comercial que

Paris arrastró a Helena a
Troya, y con ella, la desgracia.
Se presentaron Aquiles y
el genial Ulises, que ideó el
caballo de Troya.

suponía un fuerte obstáculo para la expansión micénica. Por eso, se cree que el ataque de los griegos se debió a intereses económicos por encima de los sentimentales.

El rapto de Helena

Pero volvamos al mito, porque no tiene desperdicio. Según Homero, el lío empezó con la boda de Peleo y Tetis. A la fiesta fueron invitados todos los dioses excepto Eris, la diosa de la discordia. Ésta se presentó al banquete con un buen mosqueo... y una manzana de oro (la famosa manzana de la discordia) inscrita con la frase «A la más bella». Las diosas Hera, Atenea y Afrodita se enfrentaron por semejante título, pero Zeus puso paz nombrando al joven Paris (hijo del rey Príamo de Troya) para que eligiera a la más hermosa de las tres. Afrodita, haciendo trampas, le prometió la mujer mortal más bella del mundo si la elegía a ella, y Paris mordió el anzuelo. La diosa se llevó al joven a Esparta, donde le presentó a Helena, esposa del rey Menelao. Aprovechando la ausencia del rey, Paris raptó a la bella monarca y la llevó a Troya. Al regresar, el rey espartano y su hermano Agamenón, rey de Micenas, convocaron a los príncipes griegos aliados (Esparta, Argos, Pilos, Creta, los beocios, el reino de Phtia, Tesalia, Ítaca, Atenas y Salamina) y decidieron declarar la guerra a los troyanos. Liderados por Agamenón, 15.000 guerreros a bordo de unas 300 naves partieron del puerto de Aulida dispuestos a tomar Troya y su fortaleza.

Afrodita estaba detrás del desafortunado incidente de **Troya**. Pero ¿qué son unas cuantas víctimas mortales para los dioses?

El caballo de Troya debió ser de madera, lo bastante grande y resistente para contener a un grupo de hombres, y lo bastante hermoso para que nadie intentará quemarlo.

Más vale maña...

El numerosísimo ejército griego pensó que aquello sería coser y cantar. Pero la cosa fue para largo y el asedio a la ciudad duró ¡diez años! Cansados de tanto esperar, los griegos idearon una última treta. Ulises, rey de Ítaca, propuso construir un gran caballo de madera hueco para esconder en su interior a un montón de soldados griegos. El resto de la armada fingió partir y los troyanos aceptaron el caballo como una ofrenda de paz. El famoso artilugio fue construido por Epeo, el mejor carpintero del campamento. Disponía de una escotilla escondida en el flanco derecho y en el izquierdo grabaron la frase: «Con la agradecida esperanza de un retorno seguro a sus casas después de una ausencia de diez años, los griegos dedican esta ofrenda a Atenea». Para que los troyanos hicieran lo que querían,

Aquiles venda la herida de Patroclo, hermano, amigo, amante y causa de su ira contra el enemigo.

tenían la colaboración de un actor, llamado Sinón, que les convenció para que introdujeran el caballo en la ciudad. Los troyanos eran muy creyentes y cayeron en el engaño, pensando que los griegos lo habían dejado como ofrenda. El caballo era de tal tamaño que tuvieron que derribar parte de las murallas para introducirlo en la ciudad.

Una vez dentro de la inexpugnable fortaleza, los griegos salieron de su escondrijo y abrieron las puertas de la muralla para permitir la entrada al resto de las tropas.

La ciudad fue saqueada sin piedad, Menelao recuperó a Helena y regresó con ella a Esparta. Se cree que los pocos troyanos que lograron sobrevivir navegaron (liderados por Eneas) hasta llegar primero a Cartago y luego a la península itálica, donde llegarían a ser los ascendientes de los fundadores de Roma.

Agamenón significa «obstinado». Este hermano de Menelao, de la familia maldita de los Átridas, dirigió el ataque.

Un valioso descubrimiento

Esta bonita pero inverosímil historia ganó credibilidad cuando un rico prusiano, Heinrich Schliemann, invirtió gran parte de su fortuna, lograda exclusivamente con este propósito en su país natal, en descubrir la desaparecida ciudad de Troya. Todo ocurrió en 1870, cuando un equipo de arqueólogos dirigidos por Schliemann empezó a excavar la colina de Hissarlik, situada en el borde de un cabo que proyecta al Egeo entre los Dardanelos y el Golfo de Edremit (Turquía). Dicho montículo es una montaña artificial constituida a través de los siglos por los asentamientos de diferentes pueblos, entre ellos el troyano. Bajo toneladas de tierra y escombros, llegaron a aparecer un total de 10 ciudades distintas. De todas ellas, se cree que la denominada Troya VII es la auténtica Ilión homérica. Entre los vestigios hallados en este estrato figuran restos de esqueletos, armas, de-

pósitos de guijarros (que podrían tratarse de municiones para disparar con honda) y la tumba de una niña cubierta con una serie de vasijas de provisiones, indicio de un enterramiento urgente a causa de un posible asedio (se considera una de las pruebas más significativas).

Las ruinas halladas coinciden con la descripción homérica, que sólo exageró al describir los lujosos palacios, ya que Troya fue en realidad una fortaleza que contenía una ciudad, con puertas y torres de gran altura.

En 1998, el sitio arqueológico de Troya, aunque poco visitado por los turistas, fue declarado Patrimonio de la Humanidad por la UNESCO, afirmando que «tiene una inmensa significancia para el entendimiento de la evolución de la civilización europea en un estado básico de sus primeras etapas. Es, además, de una excepcional importancia cultural por la profunda influencia de la *Ilíada* de Homero en las artes creativas durante más de dos milenios».

Yo de ti no cruzaría los Alpes, forastero

ERROR: Cruzar los Alpes a pie durante cinco meses y exponer a sus hombres a condiciones climatológicas extremas.

¿Quién?
Aníbal Barca (Cartago, 247 a.C.- Bitinia, en la costa del mar Negro, 183 a.C.)

¿Cuándo?
octubre del 218 a.C.

Consecuencias
La muerte de 40.000 soldados y el debilitamiento de un ejército que acabaría sucumbiendo en la batalla de Zama.

«*Las subidas, bajadas y desfiladeros de las cumbres de estos montes habían, no sólo deteriorado notablemente el ejército, sino que la falta de víveres y desaliño de los cuerpos lo habían desfigurado enteramente. Hubo muchos a quienes el hambre y los continuos trabajos hicieron despreciar la vida. El que había salido del tránsito del Ródano con un ejército de treinta y ocho mil infantes y más de ocho mil caballos.*»

Historia universal bajo la república romana,
Polibio de Megalópolis

En este cómic de 1850, un Aníbal niño todavía jura odio eterno a los romanos. Ya de mayor, llevó a sus tropas a un loco viaje a través de los Alpes para golpear a los romanos en su orgullo, y despertar a un gigante.

Más de 100 años necesitaron romanos y cartagineses para limar sus diferencias… y de paso hacerse con el control absoluto del Mediterráneo. Roma y Cartago (imperio ya desaparecido localizado en la actual Túnez) se pasaron

más de un siglo tirándose los trastos a la cabeza en las famosas Guerras Púnicas (del 264 a.C. al 146 a.C.).

Todo empezó por el afán conquistador de Roma y su anexión de Grecia, cosa que no gustó nada a los cartagineses, que veían con recelo tanta expansión. Entonces, Cartago dominaba el comercio marítimo del Mediterráneo occidental y no quería perder su imperio comercial.

La Primera Guerra Púnica (264 a.C.-241 a.C.) fue un sencillo paseo militar de los romanos que aplastaron a los ejércitos cartagineses en la mayoría de batallas. Todo terminó con la firma de un tratado de paz donde Cartago cedió a Roma el control absoluto de la estratégica isla de Sicilia.

Los cartagineses se dedicaron entonces a expandir su imperio colonial en Hispania (las actuales España y Portugal). Todo iba bien hasta que en el 219 a.C., Aníbal provocó a los romanos atacando Sagunto, ciudad hispana aliada de Roma. Así empezó la Segunda Guerra Púnica.

Más difícil todavía

Tras varias batallas, el general cartaginés se hartó de luchar en su propio territorio y planeó algo que nadie se había atrevido a realizar hasta el momento: atacar a Roma en su propio feudo. La vía rápida para llegar hasta allí era por mar (desde Sagunto), pero desde la derrota de la Primera Guerra Púnica, las tropas romanas dominaban todo el *Mare Nostrum*. Así que Aníbal se decidió por el «más difícil todavía». Ante la imposibilidad de trasladar sus tropas por mar, optó por la vía terrestre, cruzando los Pirineos y atravesando a pie los Alpes a lo largo de 2.400 km.

Considerada como una de las hazañas militares más sobresalientes de la historia, Aníbal agrupó a 60.000 hombres (mayoritariamente soldados de origen íbero, africanos y mercenarios celtas y griegos), 8.000 caballos y 50 elefantes con los que partió de Cartago Nova (la actual Cartagena) en mayo de 218 a.C. dirigiéndose hacia el norte de la

Arriba, un soldado romano como los que murieron aplastados en Cannas por su obsesión de formar columnas apretadas. **Abajo**, la loba alimentando a Rómulo y Remo.

península hispánica. Al llegar a los Pirineos, ya se quedó sin 7.000 hombres que desertaron ante las dificultades y riesgos de la expedición. Pero lo peor estaba por llegar. El primer obstáculo serio que se encontraron fue cruzar el río Ródano con aquellos elefantes de movimientos torpes y pesados. Construyeron grandes muelles recubiertos de tierra y subieron a los animales a bordo de balsas también cubiertas de tierra para que los elefantes no se asustaran. Pero, ¿por qué se empeñó Aníbal en utilizar elefantes en su expedición? Durante la marcha resultaban muy útiles, pues eran capaces de cargar 10 veces más peso que un caballo; además eran una fuerza de combate poderosísima: podían llevar torretas de asalto y atemorizaban a las tropas enemigas con su simple presencia.

Un africano en la nieve

La expedición iba a buen ritmo gracias en parte a las negociaciones y pactos que los emisarios del general entablaban previamente con las tribus y pueblos que iban a cruzar. La columna principal avanzó a lo largo del valle del Ródano hasta las inmediaciones de Valence. Desde allí, doblaron hacia el este y, a finales de octubre, llegaron a la confluencia del Ródano con el Isère, al pie de los temibles Alpes. El general cartaginés quería llegar a las montañas antes del invierno. Pero la expedición se retrasó y el ejército tuvo que enfrentarse a las escarpadas y peligrosas cimas bajo unas condiciones a las que no estaban acostumbrados (imagina a un africano del siglo III a.C. cruzando a pie cimas de 3.000 metros de altitud a temperaturas bajo cero y acompañado de unos animales que nunca habían visto la nieve...).

Aníbal quería atacar Roma por sorpresa y para ello necesitaba cruzar las montañas lo más rápido posible. Pero

Lo más cerca que habían estado los elefantes de un glaciar antes de Aníbal era en las cálidas sabanas de Amboseli o Tsavo, en Kenia, y ahora tenían que vérselas en esos insondables abismos de hierba fría y poco nutritiva.

aquello no eran simples colinas, sino grandes picos y elevados pasos con un tiempo infernal. El general cartaginés siguió adelante hasta que las extremas condiciones y varios aludes de nieve acabaron con la vida de unos 40.000 soldados y la práctica totalidad de los elefantes.

Uno de los pasos más complicados fue el de Moncenisio, a 2.081 m de altitud. Allí perecieron, bajo la nieve, buena parte de los elefantes. De hecho, arqueólogos de varios países han aprovechado el reciente deshielo de los glaciares para desenterrar en aquella zona numerosos restos de proboscídeos que perecieron a causa de las durísimas condiciones de la expedición.

Al combate

Los cartagineses llegaron a Italia con pocas ganas de guerrear. Pero allí estaba Aníbal con la intención de justificar tanto sufrimiento. ¡Y vaya si lo hizo! Los soldados-alpinistas, animados por los veteranos, ganaron las dos primeras batallas, Cannas en el 216 a.C. y Lago Trasimeno en el 217 a.C. La primera aún se estudia en las academias militares.

Pero el ejército cartaginés había quedado muy diezmado tras la aventura alpina y finalmente cayó en la famosa batalla de Zama, frente a un ejército de legionarios comandados por Escipión el Africano. En aquella época no se andaban con chiquitas: tras la batalla, en el campo quedaron cerca de 5.000 muertos romanos y ¡20.000! cadáveres cartagineses. Toda una sangría que se saldó con la rendición de Cartago y unas humillantes condiciones, como el desarme militar y la prohibición de tener una flota naval. Semejante pisoteo terminó con la Tercera Guerra Púnica (149-146 a.C.), en la que Roma, harta de tanta afrenta, terminó literalmente arrasando a la valiente civilización cartaginesa.

Un resignado soldado cartaginés se congela a lomos de un elefante, mientras éste le lleva el petate con la trompa. ¿Para qué cruzaron los Alpes si luego no se atrevieron a entrar en Roma?

Tras los pasos de Aníbal

No está clara la ruta exacta que Aníbal utilizó para cruzar los Alpes. La mayoría de hipótesis formuladas se basan en los textos de Polibio y Tito Livio. Pero si quieres ponerte en plan aventurero y emular la gesta del cartaginés, los seis pasos candidatos son:

- el puerto del Pequeño San Bernardo,
- el puerto de Mont-Cenis,
- el puerto de Clapier,
- el puerto de Montgenèvre,
- el puerto de la Croix
- y el puerto de la Traversette.

¿Por cuál optar? Según la mayoría de historiadores, para saberlo, los factores a tener en cuenta son:

1. Tenían espacio para montar un campamento de esas dimensiones.
2. El desfiladero debía estar a no más de 15 a 30 km de la cumbre, ya que los soldados comenzaron a descender el mismo día que abandonaron el campamento.
3. El camino hacia Italia debía estar orientado hacia el norte.
4. La primera parte del camino de descenso debía ser estrecha y empinada.
5. Después debía haber un descenso menos pronunciado durante unos 50 km, ya que a Aníbal le llevó tres días llegar al llano.
6. Italia debía ser visible desde la cumbre (según Polibio) o desde algún punto del principio del descenso (según Tito Livio).

Según estos condicionantes, parece que el candidato más probable es el puerto de Montgenèvre. Así que ánimo, ahora sólo te falta encontrar unos cuantos elefantes... y tener la suerte de que el tiempo no se ponga en tu contra; puede incluso nevar en verano.

Hay amores que matan

ERROR: Mezclar el amor con la política.

¡Cuándo?
48 a.C.-30 a.C.
Egipto
Ptolemaico.

¡Quién?
Cleopatra,
Cayo Julio César
y Marco Antonio.

Consecuencias
La muerte violenta
de los tres personajes,
cambios convulsos en
el Imperio romano
y desaparición de
la dinastía
ptolemaica.

«La edad no podrá marchitarla,
ni la rutina helará sus encantos.
Otras mujeres sacian el hambre
*   que alimentan,*
ella provoca más hambre cuanto
*   más sacia.*
Pues hasta lo más impuro tanto purifica,
que incluso los santos sacerdotes
la bendicen si peca.»

Antonio y Cleopatra,
William Shakespeare

La historia de la Antigua Roma da para muchos culebrones, pero los amoríos de la reina egipcia Cleopatra VII (69 a.C-30 a.C) con Julio César (100 a.C.-44 a.C) primero y más tarde con Marco Antonio (83 a.C.-30 a.C.) son de lo más suculentos e intrigantes.

Cleopatra Philopator Nea Thea (algo así como «la diosa que ama a su padre») pasó a la historia por ser el último faraón de Egipto tras la muerte de su hijo Cesarión y la anexión del país por la Roma de Augusto.

Pero vamos por partes. Cuando murió el padre de Cleopatra (Ptolomeo XII Auletes), el trono quedó en manos de dos hijos suyos: Cleopatra (con 18 años) y Ptolomeo XIII (con solo 12 años). Eso sí, sólo podían reinar si los pipiolos se casaban entre ellos (así se las gastaba papá). Cleopatra no estaba dispuesta a compartir corona y riquezas con un mocoso y fue por libre durante los primeros años de reinado. Pero las cosas empezaron a ponerse feas en Egipto. La sequía, las malas cosechas y el hambre asolaban el país. Y todo empeoró con la actitud demasiado conciliadora de la reina con la temida Roma.

En pleno esplendor, Liz Taylor interpretó a Cleopatra en el cine, haciendo que Richard Burton (Marco Antonio) cayera rendido a sus pies.

Cleopatra, reina de reyes e hija de reyes, en una moneda del año 32 a.C. Tal vez no fuera su belleza lo que atrajo a Marco Antonio.

El pequeño Ptolomeo aprovechó el descontento popular y expulsó a su hermana del trono. Pero Cleopatra no perdió el tiempo; exiliada en Siria, reunió un ejército para recuperar el poder.

César conoce a Cleopatra

Mientras, la República de Roma andaba con una de sus guerras civiles. Julio César y Pompeyo pelearon por el poder hasta que las legiones de este último cayeron en la batalla de Farsalia (Grecia). Pompeyo huyó a Egipto, pero allí acabó perdiendo la cabeza. Y es que Ptolomeo XIII mandó decapitarlo para conseguir el favor de César y ganar así a su ambiciosa hermana Cleopatra. Mala decisión, pues César agarró un buen cabreo al enterarse. Pompeyo había sido un digno rival y en otro tiempo amigo, aliado e incluso marido de su amada hija Julia. Aún así, César actuó como árbitro imparcial en el conflicto de los hermanos ptolomeos. Sin embargo, Cleopatra hizo trampas y utilizó sus artes de seducción para «convencer» a César y conseguir su valiosa alianza. Dicen que se presentó en los aposentos del general romano desnuda y envuelta en una lujosa alfombra que el siciliano Apolodoro depositó a sus pies. La verdad es que pasaron unas cuantas noches juntos y Cleopatra quedó embarazada de Cesarión, futuro hijo de Julio César (no reconocido por éste).

Primero fue Julio César quien se dejó seducir y dio su apoyo a la reina. El gran general podía permitírselo. Para ella, era el primer César.

Tanto amorío provocó el recelo del joven (y cornudo) esposo-hermano que empezó una guerra de intrigas para poner al pueblo en contra de su reina. Subió la tensión hasta que 20.000 soldados comandados por Aquilas asediaron el palacio real donde se alojaban César y Cleopatra. La guerra duró varios meses y terminó cuando Roma aplastó la insurgencia y el joven Ptolomeo murió ahogado en el fango del Nilo.

Vía libre para Cleopatra, que recuperó así el trono para ella solita, aunque finalmente tuvo que casarse con otro hermanito/marioneta suyo (Ptolomeo XIV). Siguió su relación con Julio César e incluso viajó un par de veces junto a su hijo Cesarión a Roma, donde vivió como concubina (recordemos que Julio César estaba casado con la romana Calpurnia) en una villa del general. Pero muchos desconfiaban de esta relación y empezó a correr el rumor de que César y Cleopatra querían reinar en Roma y Egipto para así controlar todo el área mediterránea. Durante la segunda visita de Cleopatra a Roma, el 15 de marzo del año 44 a.C., Julio César fue asesinado por un grupo de senadores recelosos de dichas intenciones absolutistas. Un nuevo giro en la historia de la antigua Roma que tendría como protagonista a otro amante de Cleopatra: Marco Antonio.

La primera Cleopatra cinematográfica fue Theda Bara en 1917. El filme fue destruido por impúdico y sólo quedan algunos fragmentos en el Museo de Arte Moderno de Nueva York.

Giovanni Batista Tiépolo pintó a la manera de su época a Marco Antonio y Cleopatra; una reina dieciochesca, adorada y adorable, de la mano de un césar atípico, más canallesco que principesco.

Cleopatra conoce a Marco Antonio

Con la muerte de Julio César, Cleopatra regresó a Egipto y no perdió el tiempo: envenenó a su esposo-hermano Ptolomeo XIV y puso a su hijo Cesarión (¡de 4 años!) como corregente de Egipto. Mientras tanto, en Roma las cosas andaban muy revueltas. Con César muerto, se crearon dos bandos contrarios. Por un lado, los senadores asesinos autoproclamados como «libertadores» y liderados por los republicanos Marco Bruto y Cayo Casio. Por otro, el triunvirato formado por Octaviano (heredero político designado por el mismísimo Julio César en su testamento), Lépido (antiguo jefe de la caballería de César) y Marco Antonio (comandante en jefe de su ejército).

Las guerras son caras y Marco Antonio acudió a Egipto para pedir ayuda económica a Cleopatra. Al igual que Julio César, el general romano se rindió a los encantos de la reina egipcia, con la que disfrutó de un tórrido invierno. De dicho encuentro, Cleopatra quedó embarazada de dos gemelos (Cleopatra Selene II y Alejandro Helios) pero Marco Antonio regresó a Roma y terminó casándose con su prometida Octavia.

Aunque no se olvidó de su reina egipcia, con la que se casó cuatro años más tarde en Egipto (sin repudiar a la primera esposa). Juntos tuvieron otro vástago (Ptolomeo Filadelfo) y empezaron una vida de lujo y derroche.

Un trágico final

Tanto placer mundano de un romano en manos de una caprichosa reina extranjera fue la excusa perfecta para que el ambicioso Octavio pusiera al pueblo de Roma en contra de Marco Antonio. Ambos se cruzaron graves acusaciones hasta que el senado romano declaró la guerra a Egipto en el 32 a. C. En poco menos de un año, las tropas de Marco Antonio fueron derrotadas en la batalla naval de Actio y Cleopatra puso pies en polvorosa. Lo que siguió es digno de un drama shakespeariano: Marco Antonio fue engañado con la supuesta muerte de Cleopatra y se suicidó clavándose una espada en el vientre. Octavio pretendía lucir a Cleopatra en su desfile triunfal y mandó vigilarla para que no se quitara también la vida. Pero la reina no quiso morir como esclava, consiguió introducir una cobra en sus aposentos y murió a causa de sus picaduras. De esta dramática (pero romántica) forma terminó la dinastía ptolomeica y Egipto pasó a convertirse en una provincia más bajo el control del Imperio romano, hasta su disolución. Cleopatra pasaría a la historia como una mujer ambiciosa, seductora e independiente que fue capaz de mantener en jaque a una de las civilizaciones más poderosas de la historia, eso sí, pagando un elevado precio: la destrucción de su país. Su belleza, de la que hay dudas, se hizo legendaria; aunque, de lo que no hay duda alguna, es de su dominio de las artes amatorias.

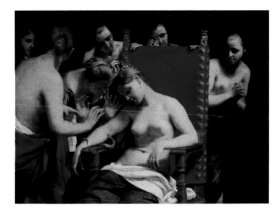

Arriba, relieve que muestra **el suicidio de Marco Antonio** tras la derrota naval de Actio. La historia quiso romantizar su acto y le echó la culpa al presunto suicidio de su amor, Cleopatra, quien, en realidad, había huido y se suicidó más tarde (**abajo, Cleopatra en una obra de Guidi Cagnacci**).

Cariño, hoy no vayas a la oficina

ERROR: Acudir sin protección al Senado a pesar de las repetidas amenazas de muerte.

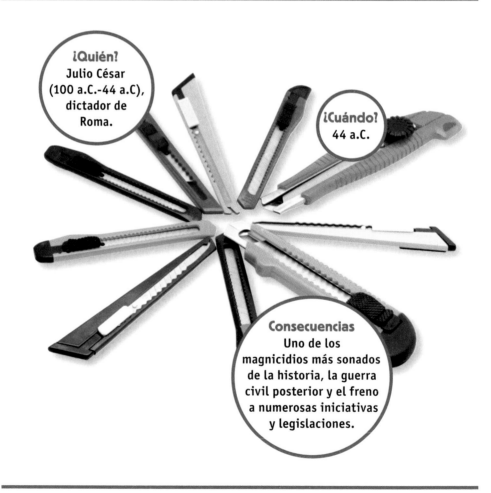

¿Quién?
Julio César
(100 a.C.-44 a.C),
dictador de
Roma.

¿Cuándo?
44 a.C.

Consecuencias
Uno de los
magnicidios más sonados
de la historia, la guerra
civil posterior y el freno
a numerosas iniciativas
y legislaciones.

«Un agorero anunció que le aguarda-
ba un gran peligro en el día del mes
de marzo que los romanos llamaban
los Idus. Llegó el día, y yendo César
al Senado saludó al agorero y como
por burla le dijo. "Ya han llegado los
Idus de marzo"; a lo que contestó con
gran reposo: "Han llegado, sí, pero
no han pasado".»

Vidas paralelas,
Plutarco

Julio César era un tipo valiente, pero al
final se pasó de frenada. Convencido de
que la diosa Fortuna nunca lo abando-
naría, iba por la vida sacando pecho hasta que unos cuantos senadores acabaron
con su vida allá por el 44 a.C.

Cayo Julio César nació el 13 de julio del 100 a.C., en el seno de una familia patricia pero justita de dinero.
Al emparentarse con hombres influ-
yentes de la época (como su tío Cayo
Mario, siete veces cónsul de Roma)
muy pronto empezó a destacar, y ocupó los cargos de cuestor, edil, gran
pontífice, pretor y cónsul.

A César le perdía su ambición política. Se hizo conceder el control de
varias provincias (Galia Cisalpina, Nar-

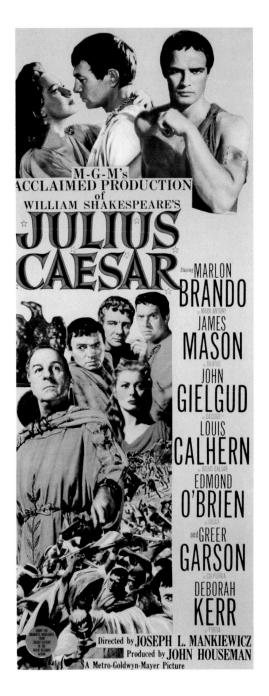

Cartel de la película *Julio*
César, de Mankiewicz, donde
se narra la trama organizada
para asesinar a Julio César.

bonense e Iliria). Más tarde, se lanzó a la conquista de las Galias, Britania y Germania. En ocho largos años, sus tropas combatieron ininterrumpidamente contra un total de tres millones de guerreros helvecios, galos, germanos y britanos. Si lo de Alejandro Magno impresiona por el extensísimo territorio que llegó a conquistar, las campañas de Julio César son importantes por las consecuencias que tuvieron para toda la cultura occidental, con la conquista y romanización de los territorios de las Galias y las Islas Británicas. Nunca un solo hombre había conseguido un triunfo de tal magnitud.

Nacido para ganar

El prestigio y el poder de César empezaron a inquietar en Roma. Allí, el caos era considerable y a la clase política no se le ocurrió otra cosa que obligar a César a licenciar sus tropas, llegando a acusarle de traición y pidiendo públicamente su exilio. El general se tomó muy mal esa maniobra comandada por el cónsul Pompeyo y el 13 de enero del 49 a.C. cruzó el famoso Rubicón (río que marcaba el límite de su jurisdicción) con sus tropas gritando aquello de: «¡O César, o nada!».

Ahora te has pasado... debieron pensar en Roma, y se lió una guerra civil que duró tres años (49-46 a.C.); de ella, César salió una vez más vencedor. Primero conquistó Roma e Italia; luego, Hispania, y finalmente se fue a por Pompeyo, que andaba refugiado en Oriente. Estaba de suerte y los egipcios le facilitaron las cosas cortando la cabeza de su enemigo. ¿Qué hizo entonces? Pues irse a por el Ponto, donde se cargó al rey Pharnaces en la batalla del famoso «*Veni, vidi, vinci*» (Zela). Antes de volver a Roma, tuvo tiempo de derrotar a los últimos pompeyistas que resistían en África (Batalla de Tapso, 46 a.C.) y a los propios hijos de Pompeyo en Hispania (Batalla de Munda, 45 a.C.).

Con tanto ajetreo, cualquiera hubiera pedido la jubilación anticipada. Para nada. Una vez en Roma, Julio César empezó a sanear las instituciones, mejoró el gobierno de las provincias, facilitó la ciudadanía romana a todos sus habitantes, repartió tierras entre los soldados veteranos...

Así nos lo cuenta Suetonio:

«Además de los dos sestercios dobles que, al comienzo de la guerra civil, había otorgado a cada infante de las legiones de veteranos a título de botín, dióles veinte mil ordinarios, asignándoles también terrenos, aunque no inmediatos para no despojar a los propietarios. Repartió al pueblo diez modios de trigo por cabeza y otras tantas libras de aceite, con trescientos sestercios que había ofrecido antes, añadiendo otros cien en compensación de la tardanza. Perdonó los alquileres de un año en Roma hasta la cantidad de dos mil sestercios, y hasta la de quinientos en el resto de Italia. Agregó a todo esto distribución de carnes, y después del triunfo sobre Hispania, dos festines públicos, y no considerando el primero bastante digno de su magnificencia, ofreció cinco días después otro más abundante.»

Julio César era un genio militar. Cuando había un problema en una colonia, le enviaban a él, y siempre volvía la paz; tenía una especie de don divino que generó envidias por doquier en una sociedad rebosante de traidores y luchas por el poder.

Nadie se atrevía a discutir las decisiones de este poderosísimo personaje. Y es que, en el momento de su muerte, Julio César era una especie de semidios con cargos tan pomposos como Dictador Perpetuo, Censor, Padre de la Patria y Pontífice Máximo. ¡Menudo currículo! Pero algo le faltaba.

Julio César era invencible en la batalla. ¿Cómo un estratega tan perfecto cayó en semejante trampa?

Cobarde ejecución en el escenario. Mientras se aguantan las togas, los senadores vuelcan su rabia en el César.

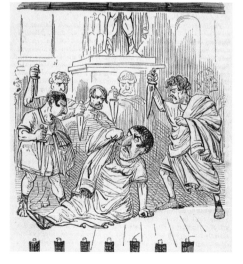

Y lo que le faltaba era el título de rey, algo que ya se rumoreaba y que colmó la paciencia de un buen número de senadores, que empezaron a fraguar un complot contra su vida.

¡Guárdate de los Idus de marzo!

Julio César ocupa un destacado capítulo en este libro sobre errores históricos por su decisión de acudir al Senado el día que lo asesinaron. ¿Y por qué no podía ir a trabajar ese día? Autores como Suetonio o Plutarco dejaron por escrito las numerosas advertencias que César recibió sobre la conjura de su asesinato. Todo eran señales y malos augurios, sólo faltó que un cartel luminoso le diera el aviso a las puertas del foro.

La noche antes, su esposa Calpurnia había soñado con su muerte; un sacerdote le advirtió de los malos augurios con el famoso «¡Guárdate de los Idus de marzo!», sus amigos le rogaron que no acudiera ese día al Senado… Pero ¿a quién hizo caso César? ¡A uno de sus asesinos! Décimo Junio Bruto lo convenció diciéndole aquello de: «Que haga de su coraje su propio destino» algo así como «ponle un par… ¡que tú puedes!» cosa que envalentonó a César, y así le fue. Ya de camino al trabajo, se cruzó con el sacerdote de los malos augurios y encima se burló de él. A pesar de las insistentes sospechas, no tomó ninguna precaución y ni siquiera aceptó protección.

El día del magnicidio

Una vez dentro del Senado todo ocurrió muy rápido. El primero en abordarlo fue Tulio Cimbro (gobernador de Bitinia y Ponto) que le rasgó la toga al rogarle que levantara el exilio de su hermano. Fue la

señal para que, de forma un tanto torpe y atolondrada, varios senadores se abalanzaran sobre César, incluso hiriéndose entre ellos. Servilio Casca le asestó la primera puñalada y así hasta 23 de las que, según el historiador Suetonio, solamente una, la segunda recibida en el tórax, resultó mortal.

Cubierto completamente de heridas, Cayo Julio César se irguió con dignidad, se colocó la túnica para que al caer cubriera sus piernas y, siguiendo una milenaria costumbre, se cubrió la cabeza con la toga para no tener que ver el rostro de sus asesinos que volvieron a lanzarse sobre él, apuñalándole hasta que cayó muerto a los pies de la estatua de Pompeyo Magno, su viejo enemigo.

El senado en ebullición, harto del poder absoluto de Julio César, se rebeló, pero no se libró de los tiranos. Durante los próximos siglos, Roma sería gobernada por emperadores que seguirían la estela del gran Julio César. La República había muerto definitivamente.

Groenlandia, ¿tierra verde?

ERROR: Embarcar bajo engaño a cientos de personas hacia una tierra inhabitable.

¿Quién? El vikingo Erik el Rojo (950-1003).

¿Cuándo? Año 985 de nuestra era.

Consecuencias La muerte de más de la mitad de los futuros colonos en una de las mayores expediciones árticas de la historia.

Los barcos vikingos
también tenían el nombre de
«dragones», por la cabeza
de esta mítica criatura que
coronaba la proa, símbolo
de fuerza y poder.

*«Navegó de vuelta a Islandia al verano siguiente y arri-
bó al puerto de Breidafjord. Y dio al país que había descubierto el nombre de Groenlandia (Tierra Verde), porque decía que la gente se sentiría mucho más tentada de
ir allí si el lugar tenía un nombre atractivo.»*

La saga de Erik el Rojo,
Anónimo (siglo XIII)

**Los vikingos usaban cascos
de cuero en la batalla**, sin
cuernos. Éstos eran muy
caros y raros, salvo entre la
nobleza.

O los vikingos eran daltónicos o andaban muy ilusionados
por encontrar un paraíso verde en las áridas tierras de
Groenlandia. Sea como sea, bautizaron a la isla más grande
del mundo como Gronland («Tierra Verde»). Tiene guasa el
nombre que le dieron a este territorio autónomo que actualmente pertenece al reino de Dinamarca. Y es que el 80 por
ciento de sus tierras están totalmente recubiertas de una
gruesa capa de hielo (con permiso del cambio climático…).

Nacido en Rogaland (Noruega) hacia el año 950 de nuestra era, Erik Thorvaldsson (alias Erik el Rojo, probablemen-

El polo norte tal como se veía en el siglo XVII. Es el primer mapa del Ártico conocido. Cuatro ríos separan las tierras polares, y Groenlandia aparece más pequeña de lo que es en realidad en relación a Islandia. Llama la atención lo cercano que parece estar todo.

te por el color de su pelo) siempre tuvo fama de tipo duro y aguerrido (así eran los vikingos, ¿no?). Y es que ya le venía de familia. Su padre (Thorvald) fue acusado de asesinato y la prole entera tuvo que poner tierra de por medio, exiliándose a Islandia, donde intentaron instalarse, pero los vecinos no estaban por la labor y, tras varias peleas, Erik siguió la costumbre familiar y se llevó por delante a dos de ellos. Fue condenado a una pena de tres años de destierro y se convirtió en un «desterrado del destierro», sin tener adónde ir.

Una buena campaña de marketing

Por aquella época, Erik ya había oído hablar del avistamiento de nuevas tierras al oeste de Islandia. No tenía nada que perder, así que preparó un barco y zarpó desde Snaefellsnes. A las tres semanas llegó a una vasta extensión deshabitada: Groenlandia.

Allí estuvo tres años, hasta que regresó a Islandia con la intención de volver allí, aunque mejor preparado. No fue fácil convencer a los futuros colonos y reunir ganado y material suficiente para el asentamiento definitivo. Al hablar con ellos siempre se refería a la «Tierra Verde» para así tentar a más de uno. El clima de la Alta Edad Media era más suave que el actual por aquellas latitudes, pero Erik prefirió poner un nombre más atractivo que el que llevaba Islandia (de «indlandsis», hielo interior).

En Islandia andaban un poco apretujados y la falta de tierras animó a un total de 700 valientes. En la primavera del 985, partieron a bordo de 25 barcos, pero las durísimas condiciones de la travesía se cobraron la vida de muchos de ellos. Finalmente, llegaron a la Tierra Verde unos 300 colonos a bordo de los pocos barcos que no habían naufragado en el Atlántico Norte. Una vez allí, vieron que el paraíso prometido no era tal, pero como no tenían sitio en Islandia (ni fuerzas para regresar) establecieron dos colonias: Vestribyggd (al oeste, cerca de la actual Godthab), y Eystribyggd (al este, en la actual Julianhab). En esta última, Erik fundó el asentamiento de Brattahlid. Desde allí gobernó sus colonias como Jefe Supremo, título respetable que en la práctica le daba independencia respecto a Islandia.

Entre la población estaba el hijo de Erik el Rojo (Leif Ericsson) que poco a poco asumió el mando de una población rebotada que se sentía estafada por el vikingo. En el mejor momento, la población alcanzó los 5.000 habitantes. Durante los veranos, ejércitos de hombres eran enviados al norte del Círculo Polar en busca de comida y otros productos como focas, marfil de morsas y ballenas. Erik el Rojo murió en 1003, víctima de una epidemia que asoló la colonia. Y el declive definitivo llegó con otra enfermedad: la peste negra (en 1348) que junto a los ataques de los inuits y la hambruna de un territorio con pocos recursos hizo desaparecer la colonia definitivamente. Se cree también que la llamada Pequeña Edad de Hielo del siglo XIV hizo que los colonos no llegaran a adaptarse a temperaturas tan extremas, en detrimento de los inuits.

Sea como sea, diversas excavaciones en Brattahlid (localizado actualmente en el poblado de Qassiarsuk) han descubierto algunos vestigios de aquel asentamiento, como una iglesia cristiana y casi 150 esqueletos correspondientes a personas fuertes y altas, como los actuales escandinavos.

Un jovencísimo Erik el Rojo
otea el horizonte y lo que
será su futuro.

Punto y final... o seguido

ERROR: Interpretar cualquier fenómeno social, económico o natural como el augurio del fin del mundo.

¡Cuándo? 31 de diciembre del 999.

¡Quiénes? Los fieles de toda la Europa cristiana.

Consecuencias Pánico supersticioso en media Europa.

«Y vi a un ángel que descendía del cielo trayendo la llave del abismo y una gran cadena en su mano. Tomó al dragón, la serpiente antigua, que es el diablo, Satanás, y le encadenó mil años. Le arrojó al abismo y le puso un sello para que no extraviase más a las naciones hasta terminados los mil años, después de los cuales será soltado.»

Apocalipsis 20

Baile de esqueletos en el año mil, una buena fecha para que el mundo se acabe. Es un número redondo y, al fin y al cabo, son mil vueltas alrededor del sol. Si no sucede nada, hay que esperar otros mil, y eso son varias generaciones.

A la que uno se despista, aparece un iluminado convencido de que esto se acaba ¡y todo el mundo a temblar! Plagas devastadoras, lluvias de fuego, anticristos, soles que se apagan

¡**Hola, año mil!** No se cumplió ningún augurio y no resonaron las esperadas trompetas del Apocalipsis en el cielo, pero no por eso los milenaristas se rindieron.

Viktor Vasnetsov dibujó en un momento de inspiración estos coloridos jinetes del Apocalipsis: la victoria, la guerra, el hambre y la muerte.

o cometas que nos visitan. Da igual, la cuestión es marcar una fecha en el calendario (eso parece que da credibilidad...), ponerte en plan profético y lanzar al mundo un esperanzador mensaje de punto y final.

Vivir en los albores del año 1000 no era fácil; de hecho era mucho más sencillo morir: epidemias, guerras, hambrunas... diezmaban a una población temerosa de los oscuros designios del destino. Y encima, mal informados, ya que por aquel entonces uno sólo se enteraba de las cosas en la feria del pueblo, en la misa de los domingos o por algún edicto de las autoridades.

Y hablando de mandamases: durante el cambio de milenio, el *dominium mundi* en Europa estaba en manos del Sacro Imperio Romano Germánico (dirigido por el emperador Otón III) y la Santa Sede (comandada por

el papa Silvestre II). De ellos se conserva bastante documentación escrita y no parece que estuvieran especialmente preocupados por el supuesto fin del mundo. Pero los fieles iban por otros derroteros y el miedo a un Juicio Final antes de hora no les hacía mucha gracia. A ellos se unió una buena corte de visionarios que lanzaban sus profecías a diestro y siniestro bajo supuestas señales que sólo ellos veían.

Así lo contaba el cronista Raúl Glaber a mediados del siglo XI (1048):

> «Después de los numerosos signos prodigiosos que precedieron de cerca al año mil, no faltaron hombres ingeniosos y de espíritu agudo que anunciaran fenómenos no menos considerables en relación con la proximidad del milenario... El mundo, en castigo de los pecados de los hombres, fue presa de este desastroso azote... Cuánto dolor, cuántas lágrimas, cuántos lamentos... Se creía que el orden de las estaciones y los elementos, reinante desde el comienzo de los siglos, había vuelto para siempre al caos y que aquello era el fin del género humano.»

Hasta el mismísimo papa Silvestre II se vio involucrado como culpable del fin de los tiempos. El primer papa francés de la historia (Auverne, 945-Roma, 1003) era todo un erudito. Teólogo, filósofo, matemático y destacado inventor. Pasó a la historia como el precursor del sistema decimal indoarábigo en Europa, inventor de ábacos, astrolabios, relojes de agua, extraños criptogramas y otras originales aportaciones que acabarían dándole el sobrenombre de Papa Mago.

Al coincidir su papado con el cambio de milenio, se le llegó a vincular con el sentimiento de miedo supersticioso generalizado que se vivió en Europa hacia fina-

Un pacto con el diablo incluía poder, juventud y riqueza a cambio de vender el alma. Un papa vendía algo más: el alma de muchos de sus fieles. Silvestre II fue acusado de acelerar el fin del mundo.

les del 999. Así lo muestra el autor Victor Hugo en su obra *La légende des siècles* (1859). Otros autores más radicales, como el cronista Guillermo de Malmesbury afirmaron que Silvestre II había alcanzado el trono de San Pedro gracias a un pacto con ¡el diablo! Sin embargo, también afirmaba que, en el momento de su muerte, sintió remordimientos y mandó que su cadáver fuera cortado en trozos y que no fuera enterrado en un lugar sagrado… El mito duró casi siete siglos hasta que se decidió abrir su sepulcro en 1648 para acabar con la leyenda. Encontraron a Silvestre II, con la mitra en la cabeza y las manos cruzadas sobre un cuerpo entero y casi intacto.

Toma y aprende. A pesar del rostro endemoniado, no hay que tomarse a broma aquello que durante centurias aterrorizó a los cristianos.

Feliz año nuevo

Ante semejantes cronistas de la actualidad, no era extraño que el público se inquietara. El Apocalipsis del apóstol Juan estaba más vigente que nunca y las visiones proféticas se multiplicaban. A finales del siglo X, cualquier hecho fuera de lo común era interpretado como una «señal» de mal augurio. Como el llamado «mal de los ardientes», una epidemia que tuvo lugar en el norte de Italia en el año 997 y que provocaba quemazón en las extremidades; las grandes hambrunas por culpa de una serie consecutiva de malas cosechas; las guerras feudales entre Francia e Italia; las invasiones normandas; o al-

gún que otro fenómeno natural, como el meteorito que en el año 1000 permaneció visible en el cielo de Europa durante tres meses. Todo ello se tendía a exagerar en las ceremonias habituales del pueblo (liturgias, sermones, predicaciones...).

Poco a poco, se difundió la conciencia de que todo sucedía por culpa de los pecados de los hombres. Y claro, la superstición fue entrando en todas las casas hasta que llegaron las 12 de la noche del 31 de diciembre del 999. Muchos fueron los que buscaron el refugio de las iglesias a la espera del Anticristo. Pero éste andaría atareado con otros asuntos, porque esa noche no se presentó y el mundo amaneció igual de bien (o de mal) el 1 de enero del año

1000. Eso sí, supongo que tardarían en olvidar el mal trago. Y la humanidad quedó a la espera del siguiente milenio... en el que lo único previsto, como veremos más adelante, serían el caos informático y sus consecuencias.

El juicio final de Hans Memling, siglo XV. Con las doce campanadas, hubieran podido descorchar el champán, si Dom Pérignon no hubiera nacido setecientos años más tarde.

¿Alguien tiene un nivel?

ERROR: Construir la Torre de Pisa en un terreno arenoso y sin apenas cimientos.

¡Cuándo?
1173-1999
en Pisa.

¡Quién?
Bonanno
Pisano, escultor
y arquitecto.

Consecuencias
La inclinación progresiva de la *Torre Pendente* hasta alcanzar un desvío de 4,47 metros con respecto a la base. Por otro lado, una lucrativa metedura de pata que atrae cada año a millones de visitantes.

Fundada por los griegos en el siglo V a.C., el estratégico puerto comercial de Pisa manejaba muchas mercancías... y mucho dinero. Sus habitantes y comerciantes vivían a lo grande gracias a sus negocios entre Toscana, Cerdeña, Córcega y las costas francesa y española. Dinero y poder siempre han ido de la mano, así que la poderosa república marinera de Pisa empezó a crecer, conquistando territorios en los siglos XI y XII y abriendo colonias en Antioquía, Trípoli, Constantinopla, Alejandría y El Cairo. El colmo llegó con la toma de Palermo a los sarracenos. El botín fue tan cuantioso que las autoridades pisanas se animaron a construir una catedral digna de una ciudad tan poderosa. No se andaban con chiquitas y proyectaron un lujoso conjunto formado por cuatro edificios: la Catedral o Duomo, el Baptisterio, la Torre y el Camposanto. Valientes ellos, empezaron por lo más complicado.

Manos a la obra

En 1063, el arquitecto Buscheto inició las obras de la catedral de Santa Maria Assunta, en pleno centro de la Piazza dei Miracoli (declarada Patrimonio de la Humanidad en 1987). Los pisanos andaban picados con los venecianos. La idea era superar en belleza y suntuosidad a la Basílica de San Marcos de Venecia. Así que tiraron de carísimos mármoles, impresionantes columnas graníticas (botín de la mezquita de Palermo), elaborados frescos y mucha incrustación de bronce. El resultado fue una de las obras más representativas de la arquitectura románica europea.

Un siglo después (1152) empezaron las obras del baptisterio. Bajo la supervisión del arquitecto Diotisalvi, se construyó un edificio de planta circular de 33,5 m de diámetro, todo recubierto de mármol y considerado como el más grande de toda Italia. Hasta aquí todo iba bien. Los pisanos sacaban pecho con semejante demostración y entonces empezaron con el campanario del Duomo...

Las huellas de los visitantes que a lo largo de los siglos han hollado estos escalones son patentes en los peldaños desgastados. Cuanto más se inclinaba, más visitantes atraía. El mundo parecía haberse vuelto loco, tal era el desprecio por el peligro de los italianos.

La cosa se tuerce

Existe la polémica sobre si la inclinación de la Torre fue algo realmente premeditado. Para nada, aquello tenía que subir bien recto hacia el cielo. Además, con la fortuna que costaba, el arquitecto no estaba para bromas ni experimentos postmodernos. Siempre se ha atribuido su autoría al italiano Bonanno Pisano, que se moriría de vergüenza (o de risa) si levantara la cabeza (fue enterrado en la base de la Torre) y viera semejante desastre estructural. Los tres primeros niveles de la Torre de Pisa (tiene un total de 8) empezaron a construirse entre 1173 y 1178. Los cimientos eran muy débiles (de apenas 3 metros de profundidad) y el subsuelo muy inestable, a base de arena fina y arcilla. Claro, la cosa empezó a torcerse hacia el norte y pararon la obra ¡100 años!

Mientras, para no aburrirse, los pisanos se dedicaron a guerrear con los estados vecinos. Por una vez, la guerra trajo algo bueno: tantos años permitieron que el suelo se asentara y evitó que la Torre se derrumbase.

Pero al cabo de un siglo pensaron: ¿y si hacemos el resto de plantas más altas por el otro lado y así enderezamos la torre? Dicho y hecho. Entre 1272 y 1278 volvieron a la obra (dirigida por Giovanni di Simone) y un siglo después culminaron la Torre con el campanario (obra de Tommasso di Andrea Pisano). Por fin habían evitado la inclinación norte... torciendo la torre hacia la actual inclinación sur. ¡Qué desastre! Aquello parecía un péndulo de 15.000 toneladas más que un edificio digno de una ciudad tan poderosa. Cuanto más empeño ponían en enderezarla, más se torcía. Para colmo, en 1838, el arquitecto Alessandro della Gherardesca excavó un camino alrededor de la Torre para que la base luciera mejor. El lumbreras hizo que el terreno se inundara de aguas subterráneas y provocó más inclinación. Suerte que entonces apareció el equipo de técnicos de Benito Mussolini. Éste mandó reforzar las paredes sellando el interior de la Torre con hormigón... y el edificio se hundió ¡30 cm más! La inclinación era crítica, pero lejos de provocar rechazo, la Torre empezó a atraer miles de turistas procedentes de todo el mundo. Claro, aquello había que verlo. Cientos de personas subían y bajaban a diario sus 294 escalones hasta que el 7 de enero de 1990 se tomó la decisión de cerrarla al público por miedo a un posible colapso. Se convocó a un grupo internacional de especialistas, ingenieros y matemáticos para ver si podían estabilizarla sin que perdiera su valiosa inclinación. No era fácil, ya que por aquel entonces la Torre se había inclinado 4,47 metros con respecto a la base.

800 años después...

Una maldición flotaba sobre Pisa. En 1993 se acordó colocar 630 toneladas de plomo en el lado norte, a fin de contrarrestar el empecinado empuje de la Torre. Parecía que aquello funcionaba, pero el impacto estético era horroroso. Aguantó así un par de años y en 1995 los ingenieros intentaron estabilizar el subsuelo del lado hundido (sur) a base de nitrógeno líquido y la sustitución del terreno blando por otro más duro. ¡Menudo apaño! En una sola noche, la Torre se inclinó todo lo que debía haberse inclinado en dos años. ¿Solución? Meterle 250 toneladas más de plomo al otro lado. Finalmente, en 1999 (más de 800 años después), la caída se detuvo gracias a un último arreglo: eliminar 38 m³ de tierra arenosa bajo el campanario en la parte opuesta a la inclinación. Así consiguie-

ron que la Torre cediera de ese lado y se asentara. Once años y 27 millones de dólares después, el edificio volvió a abrirse al público. Pero cualquiera se fiaba... Actualmente, la Torre se mantiene bajo un complejo sistema de monitoreo que mide milimétricamente sus oscilaciones. Dicen que, con suerte, aguantará así 300 años más.

Eso sí, con esta solución, la Torre de Pisa ha perdido su condición de edificio antiguo más inclinado del mundo. Ahora, este ¿honor? le corresponde a un sencillo campanario construido hacia 1450 en la pequeña localidad de Suurhusen (Alemania). No sé en qué estarían pensando sus constructores, pero toda su estructura se inclina hasta 0,5 grados más que la famosa torre italiana. ¿Algún voluntario para enderezarla?

¡Japón a la vista!

ERROR: Desembarcar en el continente americano convencido de haber llegado a Japón.

¿Quién?
Cristóbal Colón (1451-1506), navegante, cartógrafo, almirante, virrey y gobernador general de las Indias.

¿Cuándo?
12 de octubre de 1492.

Consecuencias
La obsesiva búsqueda del ansiado oro de Cipango desató la ira de los indígenas (taínos), provocando la muerte de todos los hombres emplazados en el Fuerte Navidad (en la isla de La Española).

Genovés, portugués, catalán, gallego, andaluz... muchos quieren atribuirse el origen de este navegante que, el siglo XV, se empeñó en pasar a la historia como el flamante descubridor del Nuevo Mundo, aunque fuera por error. ¿Qué es eso de América? Colón quería darse una vuelta por Cipango (la actual isla de Japón) y las tierras del Gran Khan. Pero andaba un poco desorientado y pretendía hacerlo en dirección contraria, o sea, hacia Occidente.

Parece que su obsesión empezó hacia 1480, mientras leía unos informes del matemático y médico florentino Paolo dal Pozzo Toscanelli. El italiano sostenía que se podía llegar a las Indias por el oeste. Hasta había dibujado un mapa marcando el trayecto, basado en los viajes de Marco Polo. Pero el famoso explorador veneciano tampoco andaba muy fino... Afirmaba que del extremo occidental de Europa (Lisboa) a Asia (Quinsay o la actual Nanjing, en Japón) había un corto paseíto de 6.500 leguas.

Colón ante la reina. Ni siquiera estamos seguros de que el navegante fuera italiano. Sí sabemos que propuso su viaje en Lisboa y que llegó a la corte católica como última opción. Tampoco pedía tanto: tres barcos a cambio de unos beneficios enormes con la India a tres pasos. Se equivocaba, pero fue un error que valió la pena.

Un buen negocio

Seamos sinceros. Los europeos medievales miraban hacia Oriente con bastante avaricia. Por todas partes, veían oro, piedras preciosas, lujosas telas, abundancia y riquezas que podían proporcionar pingües beneficios a todos. Los relatos del aventurero Marco Polo hacían relamerse a más de uno.

Oro a cambio de enfermedades

La llegada de los españoles supuso un gran avance de la burguesía comercial europea y del conocimiento geográfico del mundo. Por contra, provocó una gran caída demográfica de la población indígena americana por la llegada de nuevas enfermedades y el sometimiento de los descubridores.

Según el navegante, en la isla de Cipango (recuerda, el actual Japón) había:

«...oro en abundancia, pero el monarca no permite fácilmente que se saque fuera de la isla, por lo que pocos mercaderes van allí y rara vez arriban a sus puertos naves de otras regiones. El rey de la isla tiene un gran palacio techado de oro muy fino, como entre nosotros se recubren de plomo las iglesias. Sus ventanas están guarnecidas de oro, y el pavimento de las salas y de muchos aposentos está cubierto de planchas de oro, llegando a tener hasta dos dedos de grosor. Allí hay perlas en extrema abundancia, redondas y gruesas, de color rojo, que superan en precio y valor al aljófar blanco. También hay muchas piedras preciosas, por lo que la isla de Cipango es rica a maravilla.»

Claro, a Colón y a unos cuantos más les entraron unas irresistibles ganas de irse para allá. Pero, ¿cómo? La Europa cristiana medieval no andaba científicamente muy avanzada que digamos... El pueblo árabe y más tarde el judío iban muy por delante. El primero había vivido su época dorada hacia los siglos VII y VIII. Dedicados especialmente a la astronomía, destacaban en la construcción de astrolabios. Sus sabios ya defendían la esfericidad de la Tierra, aunque la imaginaban quieta en el Universo y con el Sol dando tumbos alrededor. Por su parte, los hebreos también controlaban el tema de las estrellas, pero lo suyo era la cartografía. Europa actuó como catalizadora de las

Colón demostró a un grupo de nobles españoles cómo poner de pie un huevo, cascándolo por su base, para demostrarles que una vez visto cómo se hace, todo parece muy fácil.

tres comunidades (cristianos, árabes y judíos) y se quedó con lo mejorcito de cada cultura. Los catalano-aragoneses eran expertos en eso. Durante los siglos XIII y XIV, monarcas como Jaime I, Pedro III, Jaime II y Pedro IV el Ceremonioso, se rodearon fundamentalmente de sabios judíos expertos en cartografía y navegación. Había que estar al día porque el poder y el dinero venían del Mediterráneo. Venecianos, florentinos, genoveses, pisanos, catalanes y mallorquines se repartían el pastel. Pero tenían más hambre y empezaron a mirar al Atlántico.

Las primeras tentativas de llegar a las Indias atravesando el temible océano fueron un completo fracaso. Los genoveses lo intentaron sin éxito a finales del siglo XIII. Los hermanos Ugolino y Vadino Vivaldi armaron un par de galeras, cruzaron el estrecho de Gibraltar y enfilaron el océano bordeando África. Nunca más se supo de ellos...

Abriéndose camino

Entre fracaso y fracaso, Europa empezaba a quedarse sin recursos. Con la toma de Constantinopla por los turcos en 1453 y la posterior dominación de Egipto, las cosas se ponían aún más feas. Las rutas de comercio cristianas estaban bloqueadas y había que encontrar un nuevo camino para llegar a las ansiadas Indias Orientales. El *Mare Tenebrosum* (Atlántico) causaba respeto, pero había que intentarlo... El mundo conocido terminaba en los *Finisterrae* y a partir de allí empezaba el oscuro *Non Plus Ultra* (no más allá). Castellanos y portugueses empezaban a sumarse a las grandes potencias exportadoras. En su avance dominador, Portugal empezó a explorar las costas atlánticas de África buscando el extremo sur para bordearlo y poner rumbo a la India.

El empeño luso animó a un joven Cristóbal Colón, que se presentó en la corte del rey Juan II con un ambicioso proyecto: armar tres carabelas con vituallas y mercaderías para comerciar en las Indias Orientales, ser

Colón tomó posesión del Nuevo Mundo apenas pisar tierra firme. Y enseguida vinieron las conversiones. Tras el descubrimiento, se cometieron muchos errores dramáticos. (Library of Congress, 1892)

armado Almirante y Gobernador de los territorios descubiertos y de paso adjudicarse un 10 por ciento de los beneficios. ¿Y qué más?, debió pensar con sorna el rey luso... Vamos, que no le hizo ni caso y Colón se quedó compuesto y sin expedición al Nuevo Mundo.

Para empeorar aún más las cosas, el genovés enviudó. En 1485, abandonó Portugal. Firme en su empeño, el 20 de enero de 1486, Colón presentó su proyecto a los Reyes Católicos. Quedaron en que se lo pensarían, pero la cosa duró varios años. Finalmente, gracias a Isabel la Católica, mucho más emprendedora que su esposo Fernando, en abril de 1492 se firmaron las famosas Capitulaciones de Santa Fe (Granada) donde se nombró a Cristóbal Colón Almirante, Virrey y Gobernador general de todos los territorios que descubriera. Y sí, también le concedieron el 10 por ciento de las ganancias en el Nuevo Mundo.

Rumbo a Japón

Aclarado todo el papeleo, la madrugada del 3 de agosto de 1492, Colón y 87 hombres a bordo de sus tres carabelas abandonaron el puerto de Palos de la Frontera (Huelva) dispuestos a abrir una nueva ruta hacia las Indias. Pusieron proa a las Canarias y una vez allí siguieron hacia el oeste convencidos de ir rumbo a Cipango (Japón) y Catay (China). Tres meses después, al amanecer

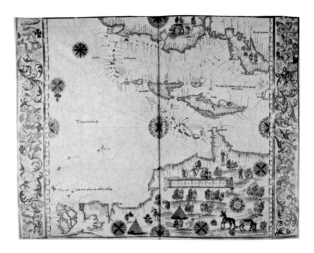

del 12 de octubre de 1492 avistaron las costas de San Salvador (Guanahaní, Bahamas). Colón desembarcó y tomó posesión de la isla para España, convencido de pisar la primera isla de las Indias de Asia. Sucesivamente, las naves visitaron Santa María de la Concepción (Rum Cay, Bahamas), Fernandina (Long Island), Isabela (Crooked Island) y finalmente Cuba, que bautizó como isla de Juana. Pero, ¿dónde estaba Japón? ¿Y la fastuosa residencia del Gran Khan? Según sus cálculos, Japón estaba a 4.500 km al oeste de las Canarias...

Mapa medieval que muestra una curiosa imagen de América y las Antillas. No era fácil tener una perspectiva adecuada desde la superficie en aquellos días en que los barcos dependían de los vientos y apenas podía calcularse la velocidad.

Siguió buscándolo entre islas hasta que el 5 de diciembre atracó en una que bautizarían como La Española y que llegaría a convertirse en la primera colonia europea en América (actuales Haití y República Dominicana). Sí, sí, América. Y es que Colón no tenía ni idea de dónde estaba... y tras varios viajes más murió sin saberlo.

No fue hasta unos años después cuando el navegante italiano Américo Vespucio se percató de que aquello era un nuevo continente y que para llegar a Asia había que atravesar «otro» océano.

Un dios extremeño aterriza en México

ERROR: Pensar que Hernán Cortés era el mismísimo dios Quetzalcóatl y de paso entregarle todo su imperio en un ataque de pánico supersticioso.

¿Cuándo?
8 de noviembre de 1519.

¿Quién?
Moctezuma Xocoyotzin (1466-1520), rey de los mexicas.

Consecuencias
La destrucción del imperio azteca y la conquista de México por parte de los españoles.

«Has arribado a tu ciudad, aquí has venido a sentarte en tu trono. Por tiempo breve te lo reservaron, te lo cuidaron los que ya se fueron, tus sustitutos. Los señores reyes Icoatzin, Motecuhmatzin el viejo, Axayácatl, Tízoc, Ahuízotl... Llega a la tierra y descansa. Toma posesión de tus casas reales, da refrigerio a tu cuerpo.»

Recibimiento de Moctezuma II
a Hernán Cortés

Hacia el siglo XV, los mexicas (o aztecas como los llamamos en Occidente) eran un poderoso pueblo cuyo estado, México-Tenochtitlan, se asentaba justo encima de lo que ahora sería la Ciudad de México D.F. Andaban aliados con otros pueblos de la zona, como Tlacopan y Texcoco, y gozaban además de una sólida estructura política, social, económica y religiosa. Vaya que tenían montado un buen imperio, ocupando la mayor parte del centro y sur de la actual República Mexicana. De hecho, se calcula que en la ciudad de Tenochtitlan vivían unos 230.000 mexicas, y era más grande que la mayoría de ciudades europeas de su época. Constantinopla se quedaba en los 200.000 habitantes, París en 185.000 y Venecia en 130.000.

Moctezuma era un gran rey y un gran hombre, pero era supersticioso, y todos los indicios se volvieron en su contra en cuanto oyó hablar de la llegada de los españoles.

El amo y señor de tanto esplendor era el rey Moctezuma Xocoyotzin. El cronista Bernal Díaz del Castillo que andaba por allí lo describió como:

«Un hombre de cuarenta años, de cabello largo, muy negro y reluciente, casi hasta los hombros; los ojos negros, el mirar grave. Tenía muchas mujeres por amigas y dos cacicas por legítimas mujeres, pero era limpio de sodomías. Contaba con doscientos principales en otras salas junto a la suya para atenderlo, quienes tenían que ir

descalzos al visitarlo y dirigirse con las palabras: «Señor, mi señor, mi gran señor» sin darle la espalda y con la vista abajo.»

Unos extraños hombres

Todo iba bien hasta que un día de abril de 1519, unos colaboradores del rey llegaron a la corte con un extraño rumor: en la costa del Golfo, por el rumbo de Veracruz, habían aparecido unos extraños hombres, de piel blanca, rubios y con barba, que viajaban en canoas grandes como casas. Se trataba de la expedición española comandada por Hernán Cortés. Un total de 400 hombres habían desembarcado en lo que hoy se conoce

Los miedos de Moctezuma

Moctezuma era terriblemente supersticioso y aquello le disparó un montón de malos augurios. Según el *Códice Florentino*, escrito por fray Bernardino de Sahagún en el siglo XVI, se dieron hasta ocho señales que anunciaban el fin del imperio azteca. A saber:

1. Una columna de fuego en el cielo nocturno (probablemente un cometa).
2. El templo de Huizilopochtli fue arrasado por el fuego.
3. Un rayo cayó sobre el templo de Xiuhtecuhtli, sin que se escuchara el trueno.
4. Cuando aún había sol, cayó un fuego. En tres partes dividido, saliendo de occidente a oriente con una larga cola, se escucharon ruidos en gran alboroto, como si fueran cascabeles.
5. El agua del lago pareció hervir, por el viento que sopló, y parte de Tenochtitlan se inundó.
6. Se escuchó a una plañidera dirigir un canto fúnebre a los aztecas.
7. Se cazó un extraño pájaro parecido a una grulla. Cuando Moctezuma miró en sus pupilas, vio a unos desconocidos en guerra y montando una especie de venados.
8. Aparecieron varios monstruos en el aposento de Moctezuma.

como Puerto de Veracruz (San Juan de Ullua). Ese mismo día fue el principio del fin del Imperio azteca. Y estaba escrito en los astros, lo cual era peor.

Un dios en la Tierra

En la primavera de 1519, el rey de los mexicas mandó a varios emisarios con elementos de tres dioses aztecas, Tezcatlipoca, Tláloc y Quetzalcóatl. El rey estaba convencido de que Hernán Cortés era una especie de representante divino en la Tierra. Creía que si el español permitía que lo adornasen con alguno de sus atributos quedaría probada su divinidad, pues nadie osaría dejarse ornar así sin autorización del dios. Por pura cordialidad, Cortés aceptó los adornos del dios Quetzalcóatl y, al enterarse, Moctezuma empezó a temblar.

Para rendir pleitesía a ese dios extremeño le envió un montón de presentes con el fin de ahuyentarlo. Pero eso despertó aún más la codicia de los españoles, que empezaron a relamerse con tantas alhajas... Otros intercambios alimentaron aún más el pánico de los aztecas: un casco militar oxidado enviado por Cortés con el encargo de que lo llenaran de oro resultó ser idéntico a una prenda de Huitzilopochtil, principal dios de los mexicas.

Pan comido

El 8 de noviembre de 1519, Cortés y Moctezuma se vieron por fin las caras en Tenochtitlan. El rey estaba más que convencido de que aquel español representaba a Quetzalcóatl. Temeroso, cedió a todas las solicitudes de Cortés. Para empezar, dio alojamiento en su palacio a los 400 españoles con más de 40 caballos y 3.000 aliados indígenas. Una vez allí, fueron agasajados con infinidad de presentes y tratados como auténticas divinidades.

Pero allí dentro Cortés empezó a aburrirse y decidió hacer lo que sabía: conquistar. Para pasmo de los mexi-

Los sacrificios humanos formaban parte de la cultura mexica. Eso dio una excusa a los españoles para actuar sin contemplación alguna.

La cultura mexica o azteca era muy rica a la llegada de los españoles, pero había perdido parte de su poder militar en las guerras locales.

En 1911, Emilio Hernández Giro firmó esta obra titulada *La jura de Hernán Cortés*, que hoy se halla en la Casa de Diego Velázquez de Cuéllar, en Santiago de Cuba.

cas, Cortés y los suyos secuestraron a su flamante rey y lo mantuvieron como rehén en el interior del palacio. Ya de paso, le preguntaron por el tesoro real. El mismísimo rey los acompañó a la sala donde lo guardaban para deleite del conquistador. Aquello era pan comido. Se quedaron absolutamente con todo, incluso con las pertenencias personales del monarca.

Aquello ya era demasiado

Cortés mantuvo prisionero al monarca mexica hasta que se declaró vasallo del rey español Carlos V. ¡Menudo rebote pillaron los aztecas! Fue entonces cuando la casta sacerdotal y la nobleza conjuraron para liberar a su señor y aniquilar a los españoles.

Mientras, Cortés se ausentó de la ciudad para combatir a Pánfilo de Narváez. Este personaje quería apresarlo por órdenes de Diego Velázquez, gobernador de Cuba. Pero eso es otra historia...

La cuestión es que Cortés dejó a un tal Pedro Alvarado al mando de Tenochtitlan. En mal momento se le ocurrió semejante idea. Y mira que se lo dejaron bien clarito: tú vigila al rey y poco más. Claro, Moctezuma mantenía tranquila a la población convencido de estar en manos de un dios. Y los españoles eran poquitos para hacer frente a demasiados mexicas cabreados. Pero ni siquiera eso supo hacer. Alvarado se puso nervioso y recurrió a la clásica táctica de «quien da primero, da dos veces». Durante un festival religioso de la ciudad, los españoles hicieron una auténtica escabechina, matando a todo el que se le ponía por delante.

Hernán Cortés le escribió varias cartas a Carlos V, rey de España. Le explicaba los hechos y le pedía ayuda para evangelizar a los nativos.

La Noche Triste

Conocida como la Matanza del Templo Mayor, la masacre del 20 de mayo de 1520 colmó la paciencia de los mexicas. A su regreso, Cortés intentó calmar los ánimos, pero fue en vano. Para ello, instó al «títere» Moctezuma a tranquilizar a su pueblo. ¡Menuda se lió! Su propio pueblo empezó a lanzarle piedras, flechas y todo lo que tenían a mano. Parece que lo hirieron mortalmente y poco después falleció. Una vez muerto, los mexicas nombraron a Cuitláhuac como su gobernante y éste no perdió el tiempo. Alistó tropas y buscó alianzas con otros pueblos para destruir a los invasores españoles. La batalla fue corta. Las tropas de Cortés quedaron cercadas y sin alimentos en el palacio de Axayácatl, así que la famosa noche del 30 de junio de 1520 decidieron poner pies en polvorosa. De nada sirvió su sigilo y los mexicas mataron a la mitad del ejército español. Ese acontecimiento pasaría a la historia con el sobrenombre de La Noche Triste.

Hernán Cortés sobrevivió al ataque, reorganizó a su ejército y un año más tarde aplastó a los mexicas al frente de 80.000 soldados. Eso ocurrió un 13 de agosto de 1521, en nombre del entonces rey de España, Carlos I.

¡Arderás en el infierno!

ERROR: Provocar un fenómeno de histeria colectiva contra la magia y la brujería en toda la Europa moderna.

¿Cuándo?
1550-1775
En España, hasta 1821.

¿Quién?
Tribunales eclesiásticos y civiles de toda Europa. En el Reino Unido se creó la figura de los punzadores, que se dedicaban a la caza de brujas por dinero.

Consecuencias
Las acusaciones y procesos inquisitoriales provocaron más de 60.000 ejecuciones, mujeres en su mayoría. Donde más, en Alemania, unas 25.000 personas.

«Ha llegado a nuestros oídos que gran número de personas de ambos sexos no evitan el fornicar con los demonios, íncubos y súcubos, y que, mediante sus brujerías, hechizos y conjuros, sofocan, extinguen y hacen perecer la fecundidad de las mujeres, la propagación de los animales, la mies de la tierra.»

Bula Summis desideratis affectibus (1484),
Papa Inocencio VIII

La Inquisición estableció un gobierno en la sombra de la Europa católica merced al sometimiento de los reyes a la voluntad del papa. El miedo se convirtió en la norma; nadie escapaba al ojo de un vecino que podía denunciarle por haber pactado con el diablo.

Menuda lió el papa italiano Inocencio VIII con su obsesión por la brujería. Su bula pontificia supuso el arranque de una de las etapas más oscuras de la Europa moderna: la caza, procesamiento, tortura, condena y quema pública de miles de personas acusadas de pactar con el diablo. Un texto que sirvió de inspiración al temible *Malleus Maleficarum* (*Martillo de las Brujas*), escrito por dos monjes dominicos inquisidores (Heinrich Kramer y Jacob

Sprenger) y que se convertiría en una especie de macabro manual para la captura y muerte de miles de personas inocentes, sobre todo mujeres ancianas y socialmente débiles.

Considerado como uno de los documentos más aterradores de la historia humana, su texto es subjetivo, irracional y muy, muy misógino. Considera a las mujeres moralmente débiles y presa fácil para el diablo. Llega incluso a citar pasajes del Antiguo Testamento cuando se refiere a la maldad de ellas: «No hay cabeza superior a la de una serpiente, y no hay ira superior a la de una mujer. Prefiero vivir con un león y un dragón que con una mujer malévola» (Eclesiástico 25). Muchas de las procesadas eran simples curanderas, cocineras o comadronas. Solían ser mayores de 50 años, solteras o viudas, y generalmente de clase social baja. Tenían la culpa de todas las desgracias que se cernían sobre la población: epidemias, plagas, se-

La llegada de los inquisidores a un pueblo o ciudad pequeña era una pesadilla. Se cebaban sobre todo en las mujeres, pero cualquiera estaba expuesto a su destructora voluntad.

El proceso inquisidor

La cosa funcionaba así:

- **Acusación.** Podía ser tu propio vecino en base a simples rumores o sospechas. A partir de entonces, adiós a tus derechos. Rara vez te permitían defenderte de los cargos.
- **Detención.** Todavía no había cárceles y te metían en un insalubre bochinche infectado de ratas, normalmente junto a la muralla de la ciudad.
- **Interrogatorio.** Por las buenas... o por las malas. Claro, como la mayoría eran inocentes, pasaban a la fase de tortura. «Invitaban» al detenido a declararse culpable a base de técnicas muy convincentes como el potro, la rueda y las empulgueras, dispositivo mecánico que aplastaba las uñas y falanges de forma lenta y progresiva. Tampoco se respetaba la regla de torturar al preso un máximo de tres veces y, si hasta ese momento no se había producido una confesión, liberar al preso. En el *Malleus maleficarum* se recomendaba declarar la retoma ilegal de la tortura con pruebas nuevas.

- **Pruebas.** Si aguantabas la tortura, pasaban a las llamadas pruebas de brujas, algunas bastante espeluznantes. Las más populares eran:

  - **Prueba del agua** (*judicium aquae*). Se sumergía al acusado en un pozo y sólo si se hundía resultaba inocente. Claro, la mayoría morían ahogados.
  - **Prueba del fuego.** La supuesta bruja era obligada a andar sobre hierros candentes o a introducir la mano en el fuego.

- **Confesión.** Después de todo esto... confiesas ¡seguro!
- **Búsqueda de cómplices.** Volvía a interrogarse al hereje confeso para que delatara (bajo nuevas torturas) a otros sospechosos y así encadenar más y más procesos.
- **Condena.**
- **Ajusticiamiento.** La brujería era castigada con la muerte en la hoguera. Con suerte se apiadaban del condenado y antes de morir quemado le cortaban la cabeza o le ataban un saco de pólvora al cuello.

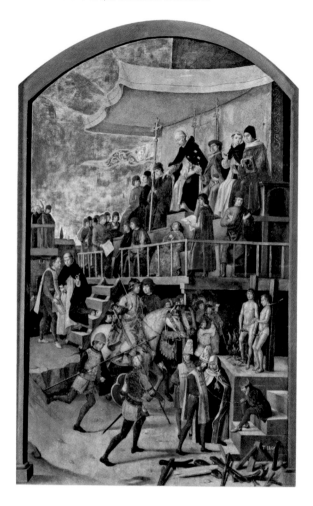

Antes de los ajusticiamientos se montaba un decorado con tarimas, palcos y barreras para los espectadores. El terror era un espectáculo y todo el pueblo disfrutaba aunque mañana tú pudieras ser uno de los quemados o ahorcados.

quías, incendios... todo era cosa de brujas.

No pactarás con el diablo

El 40 por ciento de las ejecuciones se realizaron en el Sacro Imperio Romano Germánico (las actuales Alemania, Austria, Suiza, Liechtenstein, Bélgica, Países Bajos, Luxemburgo, República Checa y Eslovenia). Una locura colectiva que duró más de la cuenta. La última acusada de brujería fue Anna Schnidenwind, cuando en 1775 (¡300 años después del inicio de la caza!) fue condenada a morir en la hoguera en Endingen am Kaiserstuhl (Alemania). La campesina de 63 años fue acusada de pactar con el diablo y provocar un incendio en su ciudad.

El Tribunal del Santo Oficio de la Inquisición Española también fue un perseguidor implacable de las supuestas brujas. Fundado por los Reyes Católicos en 1478, su misión era localizar, procesar y sentenciar a los culpables de herejía. Tomás de Torquemada (1420-1498) fue el primero y más notable inquisidor, culpable él solito de ejecutar a miles de supuestos «endiablados» en los tristemente famosos autos de fe. La diferencia con la Inquisición Ponficia es que en España a los inquisidores los nombraba el rey, y no se podía recurrir a Roma. La voluntad de

Torquemada era irrevocable. Su poder, casi absoluto. Aún así, parece que los procesos en España no fueron tan sanguinarios como en los de Europa Central y no llegaron a existir cazas masivas de herejes. En la América hispana, la inquisición no tenía poder sobre los indios, ya que éstos eran ignorantes de los dogmas, sino que tenía como misión impedir el asentamiento en las colonias de europeos judíos y protestantes. Se intentó crear un tribunal en Buenos Aires, pero fue denegado desde España.

En 1808, José Napoleón, puesto en el trono por su hermano, abolió la Inquisición; las cortes de Cádiz, creadas durante la Guerra de Independencia, hicieron lo propio en 1813, pero en 1814, Fernando VII volvió de Francia, anuló las Cortes de Cádiz y restableció el tribunal de nuevo. Nadie fue capaz de evitarlo y España se dejó arrebatar por los absolutistas su primer texto constitucional de la historia.

Torquemada en pleno éxtasis. Debió creer que actuaba en nombre de Dios o se tomó España como su patio particular.

Huele a quemado

ERROR: El primero, provocar un incendio que arrasó la ciudad; y el segundo, tomar una serie de decisiones equivocadas que dejaron Londres a expensas de las llamas.

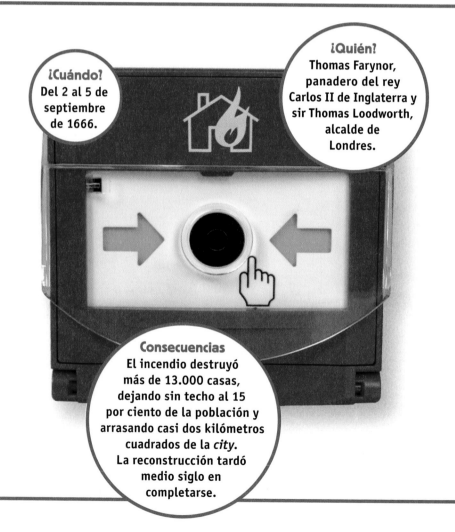

¿Cuándo?
Del 2 al 5 de septiembre de 1666.

¿Quién?
Thomas Farynor, panadero del rey Carlos II de Inglaterra y sir Thomas Loodworth, alcalde de Londres.

Consecuencias
El incendio destruyó más de 13.000 casas, dejando sin techo al 15 por ciento de la población y arrasando casi dos kilómetros cuadrados de la *city*. La reconstrucción tardó medio siglo en completarse.

«El incendio fue tan universal, y la gente estaba tan con-
mocionada que, desde el principio, no sé por qué aflic-
ción o fatalidad, casi no se daban prisa para sofocarlo.
No se oía ni se veía otra cosa que gritos y lamentacio-
nes, corriendo de un lado para otro como animales
enloquecidos, sin ni siquiera intentar salvar sus perte-
nencias.»

Diario, *John Evelyn (testigo ocular)*

En 1666, Londres era una de las ciudades más grandes de
Europa. En las últimas décadas había crecido espectacularmente... aunque de forma un tanto desordenada. Un cronista de aquella época, John Evelyn, se refería a la *city* como
«una congestión norteña e inartificial de casas de madera»
expresando así el riesgo de incendios que había. Encerrada
dentro de la vieja muralla romana, Londres era una urbe
atestada de gente, siempre conges-
tionada, de calles estrechas y casas
de madera y techo de paja. Habla-
mos de una ciudad medieval, donde la planificación urbanística bri-
llaba por su ausencia.

Como en la Roma de Nerón,
el fuego sirvió para renovar
la ciudad. En cuanto a los
bomberos, sólo había los de
las compañías de seguros.

Pan caliente

En medio de este entramado desordenado de callejones repletos de
gente, trabajaba el panadero Thomas Farynor. Situada en Pudding
Lane, cerca del Támesis y la Torre
de Londres, su panadería servía al
mismísimo rey Carlos II de Inglaterra. Como cada día del año, en la
madrugada del domingo 2 de septiembre de 1666, el horno del establecimiento estaba encendido y

a pleno rendimiento. Un descuido hizo que el fuego prendiera la tienda y las llamas se extendieron rápidamente. En el siglo XVII, el distrito donde hoy se levanta el barrio financiero estaba repleto de tiendas y almacenes llenos de materiales inflamables, como aceite, carbón, madera y alcohol. La familia de Farynor estaba atrapada en el piso superior pero finalmente logró escapar de las llamas. Todos excepto la sirvienta que, paralizada de miedo, se convirtió en la primera víctima del Gran Incendio.

El alcalde inepto

Londres amanecía con viento y eso no ayudaba demasiado. El fuego se propagaba hacia las casas vecinas y había que demolerlas o se corría el riesgo de un efecto en cadena. Claro, los propietarios no estaban por la labor de perder sus casas y se opusieron en plan insolidario. El único con potestad para ordenar la demolición era el alcalde. Cuando Sir Thomas Bloodworth llegó, las llamas se extendían ya a las casas colindantes y se acercaban peligrosamente a los almacenes de papel y depósitos inflamables en la orilla del río. Los bomberos clamaban por la urgente demolición de las casas, pero el alcalde se negó rotundamente. Aquellas fincas eran alquiladas y había que contactar primero con sus propietarios. Samuel Pepys, presidente de la Royal Society y testigo presencial del incendio escribió en su diario días después: «Gente de todo el mundo grita por la estupidez de mi lord mayor en general; y más particularmente en este asunto del incendio, echándole toda la culpa a él».

Una caja de cerillas es lo que eran los callejones del Gran Londres, y miles de personas vivían en su interior ajenas al peligro.

El rey actúa

La indecisión de un alcalde inepto provocó que hacia las 7 de la mañana ya ardieran más de 300 casas. El viento del este llevaba las llamas hacia el río y a las 11 el fuego ya era imparable. Fue entonces cuando el citado funcionario Pepys acudió a la corte (fuera de la ciudad) para contarle al monarca la magnitud del desastre. Rogó a su majestad una orden para derrumbar las casas si no quería que el fuego devorara toda la ciudad. Ante la pasividad del alcalde, el rey Carlos II mandó para allá al funcionario con la ansiada orden de derrumbar las casas. Con él llegaron también los guardias reales, que el hermano del rey, Jacobo, duque de York, había ofrecido para ayudar en la extinción del fuego. Al llegar, Pepys se encontró con un alcalde sobrepasado y al borde del colapso nervioso. Pero el lord era un tipo muy orgulloso y rechazó la ayuda de los soldados. Finalmente, el propio rey Carlos II acudió a la escena y al ver que las casas seguían en pie, eliminó la autoridad del Sir y ordenó la demolición inmediata en la zona oeste del incendio.

Fuego imparable

Pero el incendio ya estaba fuera de control y, a media tarde, el fuego se convirtió en una virulenta tormenta ígnea. Este fenómeno se da cuando una gran área se incendia y el aire que está encima se vuelve extremadamente caliente, ascendiendo de golpe. El aire frío circundante que está a ras del suelo se apresura a ocupar el vacío dejado por el aire en ascenso y provoca fuertes vientos. ¿Qué ocurre entonces? Pues que las corrientes avivan aún más el fuego, agitando las llamas y dándoles más oxígeno. Esto crea la temida tormenta ígnea que puede alcanzar temperaturas superiores a los ¡2.000 ºC! Pues bien, semejante turbulencia hizo que el viento se desviara irregularmente hacia el norte extendiendo aún más la zona asolada por el fuego.

Samuel Pepys no pudo detener el avance del incendio. El alcalde se negó a derribar las casas que se hallaban ante la lengua de fuego sin permiso de los propietarios, y al final tuvo que ser el rey en persona quien, alertado por Pepys, ordenara la demolición.

La estrechez de las calles impidió la huida cuando el fuego se acercaba rápidamente a ciertas zonas del incendio. Hasta que no se detuvo el viento, no hubo nada que hacer.

Al amanecer del lunes 3 de septiembre, las llamas viajaban hacia el norte y el oeste. Al final de la tarde, el fuego alcanzó a los distritos más ricos, destruyendo por completo edificios como la Royal Exchange o las opulentas tiendas de Cheapside. La gente empezó a descontrolarse. Corrían rumores de que el fuego había sido provocado por los franceses y holandeses (rivales comerciales). Algunos inmigrantes fueron víctimas de linchamientos y violencia callejera. Todos intentaban huir de la ciudad, pero la estrechez de las calles y la muralla de 5,5 metros de altura no ayudaban para nada al desalojo. Las escenas de pánico se sucedieron durante todo el día cuando ríos de gente intentaban cruzar alguna de las ocho puertas de salida.

El martes sucedió lo que muchos temían. Las llamas alcanzaron la catedral de San Pablo, la destruyeron por completo y traspasaron la muralla romana en la zona de Fleet Street. El fuego se acercaba peligrosamente a la corte de Carlos II en el Whitehall, cuando dos factores cambiaron los acontecimientos: uno natural, al calmarse los fuertes vientos del este; y otro artificial, cuando la guarnición de la Torre de Londres utilizó pólvora para crear efectivos cortafuegos que detuvieron definitivamente el implacable avance de las llamas.

En aquella época, Londres no tenía un cuerpo oficial de bomberos. Hasta entonces, eran las propias compañías aseguradoras las que contaban con su propio servicio antiincendios. Y lo hacían con un rudimentario equipo a base de bombas de agua manuales incapaces de hacer frente a grandes incendios. Una carencia que tardaría otros 200 años más en cambiar ya que Londres no tuvo cuerpo oficial de bomberos hasta 1866.

Reconstrucción caótica

Tras varios días de incendio, el panorama no podía ser más desolador. La emergente metrópolis que competía comercialmente con los poderosos Países Bajos estaba calcinada casi por completo. Había que reconstruirla en tiempo récord para evitar la crisis económica. Londres aún conservaba el viejo trazado urbano medieval.

Aquella era una excelente oportunidad para empezar de cero. El arquitecto Christopher Wren, autor de la catedral de San Pablo, propuso un plan a base de largas y amplias avenidas, con plazas circulares abiertas. Pero la prisa por volver a la normalidad hizo que se volviera a construir encima, sin un plan urbanístico preestablecido. De ahí que Londres conserve en pleno siglo XXI ese aire un tanto caótico y decadente, como de ciudad vieja y anclada en el pasado.

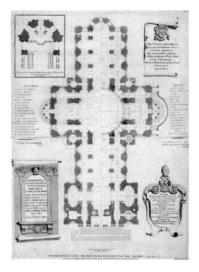

Hasta la catedral de San Pablo resultó quemada y se tuvo que restaurar.

The Monument

Los londinenses no olvidan ese fatídico septiembre. Millones de personas levantan la vista a diario para contemplar *The Monument*, una gran columna dórica de piedra que representa la destrucción de la *city* en 1666. Situada muy cerca del lugar donde empezó el incendio (en el cruce de Monument Street y Fish Street Hill), sus 61 metros de altura marcan la distancia entre la columna y la panadería de Thomas Farynor. Otro monumento, *The Golden Boy of Pye Corner*, indica el lugar donde se detuvo el avance de las llamas (en Smithfield).

El conjunto escultórico representa diversos pasajes de los acontecimientos, así como varias inscripciones explicativas. Una de ellas resume las consecuencias del incendio: «...de los 26 barrios, finalmente quedaron destruidos 15 y otros 8 quedaron destrozados y medio quemados; el incendio consumió 400 calles, 13.200 viviendas, 89 iglesias (además de capillas), 4 de las puertas de la ciudad, el ayuntamiento, muchas estructuras públicas, hospitales, escuelas, bibliotecas y un amplio número de edificios majestuosos».

La ley ¿seca?

ERROR: Promover la Ley
de Prohibición Nacional.

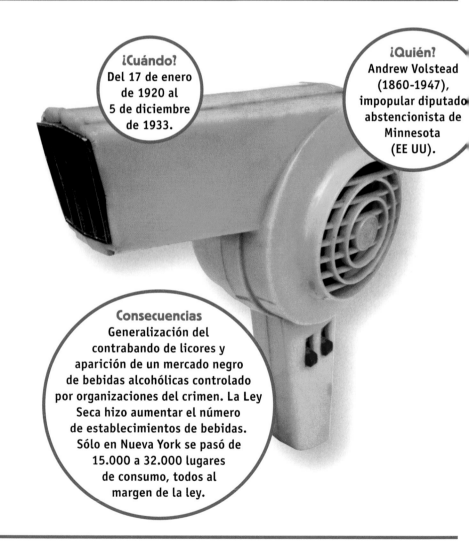

¿Cuándo?
Del 17 de enero
de 1920 al
5 de diciembre
de 1933.

¿Quién?
Andrew Volstead
(1860-1947),
impopular diputado
abstencionista de
Minnesota
(EE UU).

Consecuencias
Generalización del
contrabando de licores y
aparición de un mercado negro
de bebidas alcohólicas controlado
por organizaciones del crimen. La Ley
Seca hizo aumentar el número
de establecimientos de bebidas.
Sólo en Nueva York se pasó de
15.000 a 32.000 lugares
de consumo, todos al
margen de la ley.

«Ninguna persona fabricará, venderá, cambiará, transportará, importará, exportará, o entregará cualquier licor embriagador, excepto los autorizados por esta acta.»

Ley Seca, 1920

La noche del 17 de enero de 1920, un exultante senador Andrew Volstead anunció en la radio la promulgación de la polémica Ley Seca. La idea era bien simple: prohibir la fabricación y venta de bebidas alcohólicas en Estados Unidos. El político confiaba en el éxito de semejante medida:

En 1921, la policía obliga a tirar a las cloacas un bidón lleno de alcohol.

«Esta noche, un minuto después de las doce, nacerá una nueva nación. El demonio de la bebida hace testamento. Se inicia una era de ideas claras y limpios modales. Los barrios bajos serán pronto cosa del pasado. Cárceles y correccionales quedarán vacíos; los transformaremos en graneros y fábricas. Todos los hombres volverán a caminar erguidos, sonreirán todas las mujeres y reirán todos los niños. Se cerrarán para siempre las puertas del infierno.»

¡Menudo aguafiestas!

Recién terminada la primera guerra mundial, la sociedad norteamericana vivía su particular momento eufórico: nueva música, nuevas expresiones de baile y cierto relajamiento moral en las costumbres. La fiesta predominaba. Demasiado para el sector po-

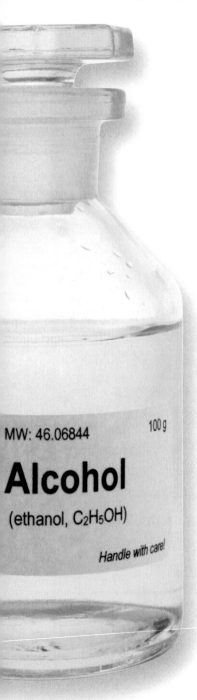

MW: 46.06844   100 g

Alcohol

(ethanol, C₂H₅OH)

Handle with care!

lítico más conservador, que no paró hasta encontrar la forma de cortar tanto descoque.

Ignorando las libertades de sus ciudadanos, la ley Volstead dio inicio a una de las etapas más tristes en la historia de los Estados Unidos: la censura pública de las costumbres privadas. Y no se andaban con chiquitas: la venta y fabricación de alcoholes se castigaba con multas de hasta 1.000 dólares (una fortuna para aquella época), penas de prisión de hasta 5 años y la clausura del local. Sólo quedaban fuera de la reglamentación los usos médicos, bajo receta y estricto control, el uso del vino para la misa y la sidra. Para cumplir la mencionada Ley de Prohibición Nacional se creó una agencia ejecutiva específica llamada *Bureau of Prohibition,* dependiente del Departamento del Tesoro. Sus agentes federales eran conocidos con el nombre de *prohi's.*

Hecha la ley... hecha la trampa

Apenas seis meses después de la prohibición, la Asociación Farmacéutica reincorporó nueve tipos de bebidas alcohólicas a la lista de medicamentos útiles como sedantes y el tratamiento de la neurastenia. Además, cerca de 15.000 médicos y casi 60.000 propietarios de farmacias solicitaron el permiso respectivo para recetar y vender alcohol. Un negocio redondo, pues en 1928 los terapeutas especializados ya habían ingresado unos 40 millones de dólares por las ventas de alcohol con receta, cifra que alcanzó los 200 millones en 1933.

A este pastel también empezaron a hincarle el diente los sindicatos del crimen. A los tres años de vigencia de la ley ya se había fundado el *Crime Inc.,* o sindicato del crimen. Las primeras bandas de gángsteres fueron las judías (Dutch Schultz, Diamond, Rothstein), luego las irlandesas y finalmente las italianas. Todas manejaban el

negocio del alcohol mediante la extorsión a los dueños de bares clandestinos y el soborno a la policía. Estos clanes controlaban el mercado de las destilerías ilegales, las importaciones y los bares.

Al Capone, líder del síndicato del crimen durante la era de la prohibición en Estados Unidos, en los años 20.

El efecto contrario

En 1925, había 100.000 bares clandestinos (*speakeasies*) en las principales ciudades de los Estados Unidos, protegidos por las mafias y la propia complicidad de los ciudadanos enemigos de la prohibición.

Aquella «nueva nación» de Volstead se estaba convirtiendo en un verdadero infierno. La corrupción alcanzó a las altas esferas políticas. El secretario del Departamento de Estado, A. Fall, y el de Justicia, H. Daugherty, fueron condenados por su complicidad con los contrabandistas. El prohibicionismo conservador se mordía la cola: prometía acabar con el alcoholismo, pero aumentó su consumo y sus pautas (se popularizó el cóctel para enmascarar el consumo de alcohol y se generalizó el uso de petacas); pretendía

Franklin Delano Roosevelt fue el presidente que abolió la ley seca. Había que celebrarlo con un tragito de champán.

terminar con los productores de bebidas y éstos se enriquecieron aún más sin dejar un sólo centavo en la hacienda pública; dijo que vaciaría las cárceles pero las saturó de delincuentes que la propia ley había creado. Sólo en la ciudad de Chicago se produjeron, en la década de 1920, más de 500 muertes a causa de las luchas entre bandas de gángsteres. Uno de los más famosos de aquella época, Al Capone, se refirió así desde la cárcel:

«Soy un hombre de negocios, y nada más. Gané dinero satisfaciendo las necesidades de la nación. Si al obrar así, infringí la ley, mis clientes son tan culpables como yo. Todo el país quería aguardiente, y organicé su suministro. Quisiera saber por qué me llaman enemigo público. Serví a los intereses de la comunidad.»

Una herencia nefasta

Finalmente, el 4 de marzo de 1933, el candidato del Partido Demócrata, Franklin Delano Roosevelt (1882-1945) asumió la presidencia de los Estados Unidos. En diciem-

bre de ese mismo año, el Congreso votó la enmienda constitucional que derogó la célebre Ley Seca. La herencia no podía ser más nefasta: 30.000 personas murieron intoxicadas por ingerir alcohol metílico; 100.000 personas sufrieron lesiones permanentes como ceguera o parálisis. 270.000 personas fueron condenadas por delitos federales relacionados con el alcohol, de las cuales un cuarto fueron sentenciadas a prisión y el resto fueron multadas. Los homicidios aumentaron en un 49 por ciento y los robos en un 83 por ciento con referencia a la década anterior; más de un 30 por ciento de los agentes encargados de hacer cumplir la ley fueron condenados por diversos delitos (extorsión, robo, falsificación de datos, tráfico o perjurio).

F. D. Roosevelt tuvo una presidencia atareada; no sólo cambió los hábitos de los gángsters, también promovió el New Deal y declaró la guerra a Alemania.

Tras la derogación, la venta clandestina de alcohol dejó de ser rentable. Pero las mafias no desaparecieron y cambiaron su «línea de negocio» con actividades como la prostitución, el juego y finalmente el tráfico de drogas.

En la actualidad, aún hay países donde la venta y el consumo de alcohol están prohibidos, especialmente en los que tienen gobiernos musulmanes. En Arabia Saudita está prohibida la producción, importación y consumo, y el castigo por incumplirla incluye latigazos. En Kuwait te meten en la cárcel, pero te libras de los latigazos. En Qatar te pueden deportar, y cualquiera que viaje por Libia descubrirá que ni en los hoteles de cinco estrellas puede tomarse una cerveza.

Hitler, premio Nobel de la... Paz

ERROR: Nominar como candidato a recibir el premio Nobel de la Paz al *Reichskanzler* (canciller imperial) y *Führer* (caudillo) alemán Adolf Hitler.

¿Cuándo?
1939, año de la invasión de Polonia.

¿Quién?
Erik G. C. Brandt, miembro del Parlamento sueco.

Consecuencias
Ninguna, pues la nominación fue retirada poco antes del inicio de la segunda guerra mundial.

*«Las armas más crueles resultan huma-
nitarias si consiguen provocar una rápida victoria.»*

Mein Kampf,
Adolf Hitler (1889-1945)

Totalitario, antisemita, xenófobo, agresivo... Pocos adjetivos positivos merece uno
de los personajes más abyectos de la historia de la humanidad. Pero no sabemos
en qué estaría pensando el parlamenta-
rio Erik G. C. Brandt cuando en 1939 se le
ocurrió la perogrullada de nominar a este
sanguinario líder político como merece-
dor del Premio Nobel de la Paz. De hecho,
el Comité Nobel noruego (encargado de
conceder el galardón) llegó a contemplar
la nominación. Pero, por suerte, razona-
ron y finalmente concedieron el premio al Instituto Nan-
sen, organismo multitemático dedicado a diversas investigaciones.

**Alfred Nobel tampoco era
un santo.** Inventó la dinamita
para las explotaciones
mineras, sin imaginar sus
usos militares. Ganó tanto
dinero que se inventó los
premios Nobel para compensar
al mundo por el dolor
causado. El mundo agradece
su existencia y, en ocasiones,
es un motor que estimula a
sus candidatos.

Un «pacifista» en busca de pelea

Uno se pregunta: ¿qué le vieron a semejante tipo para
concederle un galardón que se otorga «a la persona que
haya trabajado más o mejor en favor de la fraternidad entre las naciones, la abolición o reducción de los ejércitos
existentes y la celebración y promoción de procesos de
paz»? Brandt, el responsable de esta ocurrencia, defen-
dió en su momento que Hitler merecía el Nobel de la Paz
por las conversaciones que mantuvo con Sir Arthur Neville Chamberlain sobre la paz en Europa. Tal fue la metedura de pata (poco después Hitler arrasó media Europa),
que estos hechos se mantuvieron en secreto durante décadas, y no salieron a la luz hasta hace pocos años.

Fue un poco prematuro proponer a Adolf Hitler para el premio Nobel, pero hay que reconocer que a veces los miembros de este club selecto se precipitan, especialmente en el Nobel de la Paz, cuando se otorga a personajes que tienen todavía una larga vida por delante.

Pero recapitulemos a las famosas reuniones de Chamberlain y Hitler para ver lo surrealista de la propuesta sueca. Corría el verano de 1938, cuando Adolf Hitler insistía en reclamar como alemán el territorio de los Sudetes, al oeste de la antigua Checoslovaquia. La cosa se ponía tensa cuando el 29 de septiembre Chamberlain y Hitler se reunieron en Munich, asistiendo también el Primer Ministro francés Édouard Daladier. Curiosamente, el gobierno checo no fue invitado a la reunión. En una bajada de pantalones histórica (política de apaciguamiento le llamaron...), el Führer consiguió prácticamente todo lo que anhelaba: el gobierno checoslovaco debía evacuar inmediatamente las regiones con predominio germano, anexionándose así más de 16.000 kilómetros cuadrados donde vivían 3,5 millones de personas, entre los que había más de 700.000 checos. Un error histórico que traería funestas consecuencias en toda Europa. Pero, ¿por qué los dirigentes de Francia y Gran Bretaña fueron tan ingenuos? Su postura se debía en gran parte al miedo de provocar una guerra a escala mundial (cosa que terminaron consiguiendo...), así como el convencimiento de que realmente el Tratado de Versalles había sido excesivo. En este tratado de paz firmado en 1919 se castigó duramente a la nación alemana tras su derrota en la primera guerra mundial.

Antes de abandonar Munich, Hitler y Chamberlain firmaron un documento en el que declaraban su deseo de garantizar la paz mediante la consulta y el diálogo. El Sir llegó a Londres sacando pecho como hacedor de «la paz con honor, la paz de nuestro tiempo». Lo que no sabía Chamberlain es que había despertado aún más la ambición invasora de Hitler. Poco después de la famosa reunión en Munich, el canciller alemán invadió lo que quedaba de un indefenso estado checoslovaco. Y no quedó ahí la cosa. El 1 de septiembre de 1939, Alemania invadió Polonia bajo el pretexto de un supuesto ataque polaco en un puesto fronterizo alemán. El Reino Unido y Francia le dieron dos días a Alemania para retirarse de Polonia. Ni caso. Hitler siguió haciendo de las suyas hasta que consiguió lo que andaba buscando: pelea. El 3 de septiembre de 1939 empezaba la segunda guerra mundial.

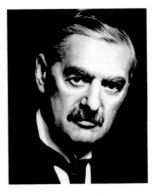

A. Neville Chamberlain era demasiado conservador, tentado a no esperar cambios en las cosas, y se equivocó al confiar en Hitler, pero no fue el único engañado.

Stalin *versus* Gandhi

Otro «extraño» candidato a premio Nobel de la Paz fue Iósif Stalin (1878-1953). Propuesto como tal en el año 1945 «por sus esfuerzos para finalizar la Segunda Guerra Mundial», finalmente su candidatura no fue ni tan siquiera evaluada. Según los archivos, el ex ministro de Asuntos Exteriores noruego, Halvdan Koth, nominó a Stalin entre otros candidatos cualificados como Franklin D. Roosevelt (presidente de los Estados Unidos durante la segunda guerra mundial), Winston S. Churchill (primer ministro del Reino Unido durante el mismo

Stalin fue un asesino de masas; pero esto no se descubrió hasta muchos años después y, mientras tanto, dio imagen de gran hombre.

Gandhi fue nominado cinco veces al Nobel de la Paz sin haber sido premiado en ninguna ocasión.

conflicto), Anthony Eden (político británico y mano derecha de Churchill), Maxim Litvinov (embajador de la URSS en Washington), Edvard Benes (presidente de Checoslovaquia) y Jan Smuts (primer ministro de Sudáfrica).

Diversos historiadores imputan al régimen del represor soviético millones de muertos, pero en 1948 volvió a ser nominado para el premio Nobel por su mantenimiento de la paz. Stalin compartió candidatura nada más y nada menos que con Mahatma Gandhi (1869-1948). El líder de la revolución pacífica contra la colonización británica falleció pocos días después de que su quinta nominación volviera a ser ¡rechazada! Como la Fundación Nobel no puede otorgar sus premios a título póstumo, acabó entonando el *mea culpa* por esta imperdonable ausencia en su lista de galardonados. Lo hizo publicando un artículo en la prensa titulado «Mahatma Gandhi, el ganador perdido».

Meteduras de pata

La historia de los premios Nobel de la Paz está repleta de errores. Por ejemplo, en 1973 se les ocurrió premiar a Henry Kissinger, secretario de Estado de los EE UU, y al vietnamita Le Duc Tho. Ambos celebraron varias reuniones secretas en 1970 que propiciaron la firma de la tregua de París en 1973, lo que les valió un Nobel conjunto. Kissinger lo recogió encantado, y luego apoyo el golpe de la Junta militar en Argentina, organizó la operación Cóndor en Chile, apoyó al régimen de Suharto en Indonesia, intervino en los bombardeos secretos de Laos y Camboya y en cualquier operación que favoreciera los intereses económicos de Estados Unidos provocando numerosas bajas humanas, pero el organizador de las fuerzas del Viet Minh tuvo la decencia de no aceptar vista la situación en que había dejado a su país.

Otros polémicos «pacifistas» fueron George Catlett Marshall (militar y político premiado en 1953 por su Plan Marshall) o Dwight Eisenhower, candidato en 1955, y que mientras presidió Estados Unidos dio pocas o ninguna concesión a los países comunistas.

Otros Nobel de la Paz

Desde su creación en 1901, el premio Nobel de la Paz ha sido otorgado a 95 personas y a 20 organizaciones de todo el mundo. Galardones merecidísimos en la mayoría de casos. Así, el Comité Internacional de la Cruz Roja y la oficina del Alto Comisionado de las Naciones Unidas para los Refugiados lo han recibido en varias ocasiones. Otras destacadas personalidades que han obtenido esta distinción son: Martin Luther King (Líder de la Conferencia del Liderazgo Cristiano del Sur), en 1964; la Madre Teresa de Calcuta (fundadora y líder de la Orden de las Misioneras de la Caridad), en 1979; el Dalai Lama (líder político y religioso del pueblo tibetano), en 1989; Mijail Gorbachov (presidente de la antigua URSS), en 1990; Nelson Mandela (Líder del Congreso Nacional Africano), en 1993; Yaser Arafat (Presidente del Comité Ejecutivo de la Organización para la Liberación de Palestina), en 1994; Kofi Annan (Secretario General de las Naciones Unidas), en 2001, y Barack Obama (presidente de los Estados Unidos), en 2009. Aun está por ver si este último ganador cumple las expectativas.

El gran *batacazo* adelante

ERROR: Lanzar un agresivo plan económico para industrializar el país en un tiempo récord a través de la colectivización rural y estableciendo unas metas imposibles.

¿Cuándo?
1958-1962.

¿Quién?
Mao Zedong, Presidente del Partido Comunista de China (1943-1976).

Consecuencias
El empeño en establecer cuotas de producción industrial irreales, el desplazamiento de agricultores a las fábricas y una economía que trataba de recuperar en 10 años los desastres de años de guerra, ocasionaron la hambruna más grande de la historia reciente de China. Cerca de 30 millones de personas fallecieron por inanición en uno de los mayores desastres humanitarios provocados por una pésima decisión política, social y económica.

Una de las mayores chapuzas colectivas del siglo XX empezó a gestarse una mañana de septiembre de 1958 en la ciudad china de Hefei. Ese día, el primer secretario del Partido Comunista local enseñó al camarada Mao unas barras de acero fabricadas en el patio trasero de una fundición artesanal. Al líder chino se le encendió la bombilla. ¡Por fin había dado con la formula mágica de transformar la agrícola China en una potencia industrial de primer orden! Pondría a todos los campesinos a trabajar en la industria. Se acabó plantar arroz y criar cabras, el futuro estaba en el acero. Una idea tan brillante necesitaba un nombre a la altura y sin pizca de humildad le puso «El Gran Salto Adelante». Ya lo estaba viendo: en 15 años los chinos superarían en producción siderúrgica a los mismísimos británicos. ¿Qué se habían creído esos europeos? La capacidad de un chino trabajando no tiene rival y 650 millones haciendo lo mismo ¡ya ni te cuento!

Cada ciudadano chino tenía su ejemplar del *Libro rojo de Mao*, 427 citas diseñadas para el buen adoctrinamiento de los obreros y obreras que habían de construir la nueva China. Se llegaron a imprimir 6.500 millones de copias. Hoy no es más que un recuerdo turístico.

Mao Zedong fue un revolucionario muy optimista. Quiso cambiar el mundo, y casi lo consigue, al menos en parte. Se equivocó en la estrategia, pero sus herederos aprendieron de los errores y, actualmente, China es un gigante económico.

Paroxismo productivo

En cuestión de meses, Mao tendió una extensísima red de rudimentarias siderurgias en miniatura en las que legiones de chinos literalmente arrancados de sus tierras de labor se afanaban en producir acero, acero y más acero. Cientos de miles de hectáreas cultivadas fueron abandonadas de la noche a la mañana. Además, como la fabricación de acero necesitaba mucho combustible, la tala de bosques en busca de madera provocó una de las deforestaciones más rápidas y agresivas que ha sufrido este planeta. Como muy acertadamente describe el autor Harrison Salisbury en su biografía de Mao, «el paisaje de aquellas aldeas adquirió pronto la apariencia de un lugar arrasado por una plaga de hormigas comedoras de hierro».

Durante los años que duró el Gran Salto, decenas de millones de personas fueron movilizadas para producir un único producto: el acero. Se calcula que llegaron a crearse unas 25.000 comunas o talleres de trabajo, aproximadamente. El paroxismo productivo alcanzó tal envergadura que, incluso en las fábricas, escuelas y hospitales, los trabajadores cualificados abandonaban su trabajo para destinar parte de su tiempo a producir acero.

Llega la hambruna

Los resultados inmediatos a tanta actividad no fueron los esperados. La pésima planificación, la excesiva multiplicación de industrias y talleres locales... y la mala fortuna al coincidir con épocas de largas sequías y condiciones meteorológicas desfavorables, provocaron el estrepitoso fracaso del Gran Salto. A principios de los 60, China sufrió una verdadera crisis económica y la ham-

bruna no tardó en llegar a causa de la escasez alimentaria generada por la irracionalidad de las comunas y el abandono de los cultivos.

Pero es en la primavera de 1961 cuando la crisis industrial y agrícola provocaron uno de los momentos más trágicos en la historia de China. Las reservas alimentarías por cabeza descendieron a un nivel próximo al de la India (tres años atrás eran el 40 por ciento superiores) y la ración cotidiana no superaba las 1.800 calorías. El gobierno organizó una campaña urgente de racionamiento de los alimentos y devolvió a los campos a unos 20 millones de personas que el Gran Salto había desplazado a las ciudades.

China no recuperó las cifras de producción agrícola e industrial anteriores al Gran Salto hasta 1964. En el camino, quedaron millones de chinos muertos por la iluminada idea de su líder que, eso sí, finalmente reconoció su error excusándose por su falta de experiencia en temas de economía. «Menudo consuelo. ¡Podía haberse dado cuenta mucho antes!» debieron pensar millones de chinos cabreados...

Un grupo de líderes comunistas saludando al pueblo en forma de figuritas. Lo habían intentado, pero los grandes planes en los que no se prima de manera independiente a los individuos nunca han funcionado.

4 9 0 2 5 2 0

CIENCIA Y MEDICINA

La Tierra es plana

ERROR: Los padres de la astronomía griega consideraban que la Tierra era una especie de gigantesco disco/cilindro de piedra plano que flotaba en el agua/aire, respectivamente.

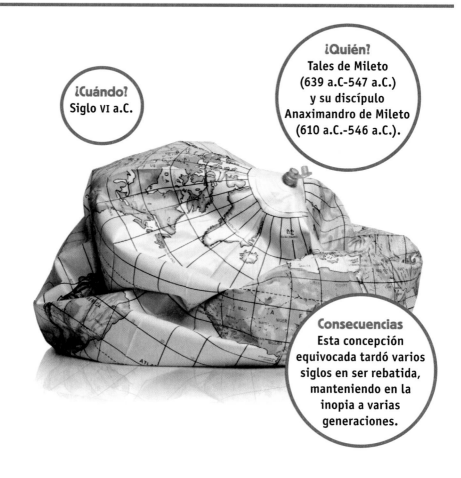

¿Cuándo?
Siglo VI a.C.

¿Quién?
Tales de Mileto (639 a.C-547 a.C.) y su discípulo Anaximandro de Mileto (610 a.C.-546 a.C.).

Consecuencias
Esta concepción equivocada tardó varios siglos en ser rebatida, manteniendo en la inopia a varias generaciones.

«Anaximandro dice que la Tierra es circular, redonda, semejante a una columna de piedra; nosotros nos movemos en una de sus superficies planas, pues hay otra antípoda.»

Hipólito, Ref. I, 6, 3

EUROPA

OCÉANO

RÍO PHASIS

MAR NEGRO

MAR MEDITERRÁNEO

LIBIA

ASIA

RÍO NILO

OCÉANO

Durante siglos, el ser humano estaba convencido de vivir en una especie de disco redondo y plano que flotaba placenteramente en el mar. Dicho pensamiento se remonta a la tradición babilónica de la que se conserva el mapamundi más antiguo que se conoce. Esta tablilla de arcilla cocida se halla en el Museo Británico y representa las diferentes regiones de la Tierra con Babilonia (claro) en el centro. El mapa muestra una zona habitable rodeada por un océano en forma de anillo llamado río Amargo. Más allá aparecen las regiones en las que «no se ve el sol» pobladas por animales legendarios y demoníacos.

Para los griegos, la Tierra también era plana, pero ya empezaban a mirar más hacia el cielo. Uno de ellos, Tales de Mileto, pensaba que la bóveda celeste estaba literalmente pegada a la Tierra (como esas bolas transparentes de nieve). Ésta giraba todos los días arrastrando a las estrellas, el Sol y la Luna. Hoy día, esta visión cosmológica puede sonar algo ingenua, pero ya dejaba de lado las explicaciones míticas o sobrenaturales. Una de sus teorías más curiosas trata sobre el origen de los terremotos. Sostenía que como la Tierra era una especie de barco gigantesco y flotante, el propio oleaje del océano ocasionaba de vez en cuando los seísmos e inundaciones.

Arriba, representación del mundo tal como lo veía el griego Anaximandro. **Abajo,** la tableta de arcilla babilónica que contiene un fragmento del mapamundi más antiguo que se conoce, hoy en el Museo Británico.

Jardín del Edén, del manuscrito ilustrado *Las muy ricas horas del duque de Berry*, del siglo XV. Muestra un paraíso circular que se creía situado en el extremo oriental de un mundo plano.

Una pastilla flotante

Años más tarde, uno de los discípulos más aventajados de Tales de Mileto rompió con esta idea de la Tierra flotando en el agua y de paso nos colgó en el espacio. Eso sí, todavía andaba un poco despistado con la forma del globo terráqueo. Anaximandro de Mileto estaba convencido de que la Tierra era una especie de cilindro oblongo, dos veces más ancho (de este a oeste) que alto (de norte a sur) y plano por los extremos, como una gigantesca pastilla flotante. Lo que no tenía muy claro era qué había en las antípodas o si era posible llegar hasta ellas.

Considerado como uno de los fundadores de la actual cartografía, Anaximandro diseñó uno de los primeros mapas terrestres. Según las referencias escritas que se conservan, aparecía un mundo dividido en dos partes iguales, rodeadas de océano, que correspondían a Europa y Asia. En esta misma línea andaba Hecateo de Mileto (550 a.C.-476 a.C.) que dibujó un mapamundi aportando nuevos datos sobre las zonas más alejadas del centro del mundo, que situaba en Delfos.

Pitágoras la ve redonda

Otro pensador empeñado en restarle divinidad a los astros fue Anaxágoras (500 a.C.-428a.C.). Fue el primero que comprendió y se atrevió a explicar las fases de la Luna y los eclipses que tanto asustaban en aquella época. Pero sus teorías provocaron el escándalo y fue apresado y encarcelado por su ateísmo. ¡Cómo se atrevía a decir que el Sol no era un dios sino una piedra incandescente! Finalmente, fue liberado y, visto el entorno, decidió trasladarse a Atenas, el nuevo centro del saber. Pero allí las cosas no andaban mejor. Las teorías de Pitágoras (582 a.C.-507 a.C.) estaban muy extendidas y la astronomía se explicaba como algo sobrenatural. Lo bueno es que ya habían avanzado en cuanto a la forma de la Tierra. Pitágoras fue el primero en decir que era redonda. Tampoco tenía argumentos científicos de peso para demostrarlo. Simplemente, consideraba la esfera como forma geométrica perfecta, por lo que la Tierra y el resto de cuerpos celestes también debían serlo.

Pero nada de moverla de su sitio: estaba inmóvil y en el centro del Universo. Alrededor giraban la Luna y el Sol. Las brillantes estrellas estaban fijas en la bóveda celeste, mientras que los planetas se movían en el espacio generando ¡notas musicales! que podían escucharse durante las noches serenas; era la famosa música de las esferas.

Fragmento del mapa de Ptolomeo, del año 150, publicado en el libro *Geographia*. Hay muchas versiones de esta deformada visión del mundo. Una de las más destacables es la de Donnus Nicolaus Germanus, del siglo XV.

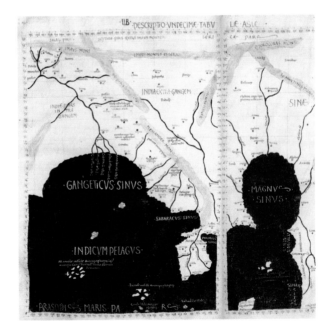

Mapamundi de Al-Idrisi, del siglo XII, creado a partir de los conocimientos de los navegantes árabes. El polo norte se encuentra al sur del mapa. **Abajo, Aristóteles,** cuyas ideas se exponen a la derecha.

Aristóteles también

A Pitágoras hay que agradecerle la aplicación de las matemáticas a la astronomía y criticarle la creencia en la divinidad de los cuerpos celestes. Cosa que empeoró con la llegada de Platón (428 a.C.–348 a.C.). El famoso filósofo subordinó las leyes naturales del Universo a los principios divinos, haciendo de los cuerpos celestes objetos de adoración más que de estudio científico. Su alumno predilecto, Aristóteles (384 a.C.–322 a.C.), siguió investigando el asunto y demostró una enorme perspicacia en sus argumentos a favor de una Tierra esférica. Ahí van algunas de sus agudas reflexiones:

- Los viajeros que han llegado a Egipto y otros lugares meridionales ven estrellas que no se ven en Grecia, y al revés. Esto indica que su horizonte y el nuestro no son paralelos, lo cual sólo es posible si la superficie de la Tierra es curva. Aunque en una tierra plana también se tendría este efecto si la cobertura estelar estuviera muy cercana.

- La sombra de la Tierra sobre la Luna en un eclipse lunar es siempre redonda, independientemente del día del mes y la altura del satélite sobre el horizonte. Si la sombra de un objeto es siempre redonda, independientemente de la dirección desde la que se proyecta, este objeto debe ser una esfera. No hay discusión.

- Cuando un barco se acerca a la costa, lo primero que se ve de él es el extremo superior del mástil, y los marineros ven primero las cimas de las montañas cuando se acercan a la costa. Esto indica que la superficie es convexa. Puesto que el efecto es igual en todas direcciones y en todos los puertos, la superficie debe ser esférica.

Del geocentrismo al heliocentrismo

Con la llegada de Teofrasto (372 a.C.-287 a.C.) y más tarde de Estratón de Lampsaco (340 a.C.–268 a.C.) nació el método científico. Es decir, no aceptar primeras causas divinas, la libertad de pensamiento, la observación y la experimentación, además del análisis racional de la realidad.

Y así llegamos a un momento decisivo de la historia. Con la muerte de Alejandro Magno, su imperio se dividió y empezó el declive de Atenas, cediendo paso a una esplendorosa Alejandría. El primer astrónomo de la ciudad fue Aristarco de Samos (310 a.C.-230 a.C.) que pasaría a la historia por ser el primero en plantear la hipótesis del heliocentrismo. Y había que ser valiente para defender semejante «herejía». Decir que la Tierra daba vueltas alrededor del Sol costó la vida a más de uno. Y si no que se lo digan a Giordano Bruno, que 1.900 años después fue quemado vivo en Roma a manos de la Santa Inquisición. Otro gran «error» de la historia.

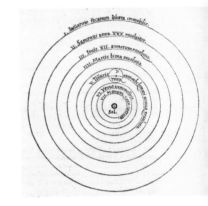

Imagen copernicana del Sistema Solar. La tierra se encuentra en el centro y el sol gira a su alrededor.

Por la boca muere el pez...

Anaximandro de Mileto no se cortaba a la hora de lanzar sus teorías. Siglos después, resulta curioso comprobar lo acertado de algunas de ellas:

- *El mundo se formó cuando se separó lo frío de lo caliente, se formó la tierra (fría) rodeada por una capa ígnea y otra capa de aire interior. Esta capa se rompió y esta desestabilización produjo el nacimiento del Sol, la Luna y las estrellas.*

- *La Tierra está suspendida en el aire, y nada la sostiene. Permanece en su sitio a causa de su equidistancia de todas las cosas.*

- *Los primeros seres vivientes nacieron en lo húmedo, rodeados por cortezas espinosas, pero al avanzar en edad, se trasladaron a lo más seco, y al romperse la corteza, vivieron, durante poco tiempo, una vida distinta.*

Quietos... y en el centro del universo

ERROR: Defender la teoría geocéntrica que ubicaba una Tierra inmóvil en el centro del universo y el Sol, la Luna y el resto de astros orbitando a su alrededor.

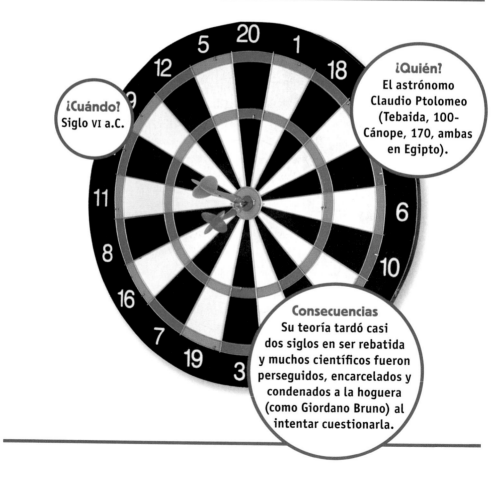

¿Cuándo?
Siglo VI a.C.

¿Quién?
El astrónomo Claudio Ptolomeo (Tebaida, 100-Cánope, 170, ambas en Egipto).

Consecuencias
Su teoría tardó casi dos siglos en ser rebatida y muchos científicos fueron perseguidos, encarcelados y condenados a la hoguera (como Giordano Bruno) al intentar cuestionarla.

En la antigüedad se daba por sentado que la Tierra era el centro del Universo, y punto. Un error en el que cayeron grandes astrónomos y estudiosos de la época, como el sabio greco-egipcio Claudio Ptolomeo.

Astrónomo, químico, geógrafo y matemático, este hombre era un incansable observador del comportamiento de los astros. Encerrado en la mítica Biblioteca de Alejandría, pasó toda su vida estudiando y catalogando estrellas, asignándoles un brillo y magnitud, estableciendo normas para predecir los eclipses... Pero su aportación más importante (y equivocada) fue su particular modelo del universo. Ptolomeo era geocentrista, o sea, que creía que la Tierra estaba inmóvil y ocupaba el centro del universo. A su alrededor giraban el Sol, la Luna, los planetas y el resto de estrellas. También supuso unos movimientos de los planetas muy complejos, llamados epiciclos y deferentes. De esta manera, los astros tendrían un movimiento alrededor de la Tierra (deferente) y otro circular dentro de esa esfera (epiciclo), con lo que se acercarían y alejarían de la Tierra, y eso explicaría las diferencias de brillo y sus movimientos.

Ptolomeo decía que la Tierra se encontraba situada en el centro del universo, y la Luna, el Sol y los demás planetas giraban en torno a ella; el conjunto era arrastrado por una gran esfera que llamaba *primum movile*.

Cuestión de círculos

Mientras unos andaban empeñados en demostrar si la Tierra era plana o redonda, otros iban un poco más allá. Estas teorías tuvieron gran aceptación en la época. Tanto, que llegarían a influir en el pensamiento de astrónomos y matemáticos hasta el siglo XVI. A veces,

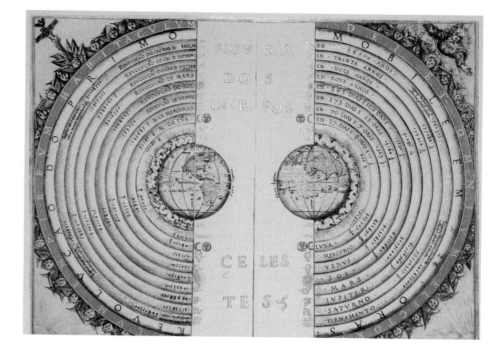

Representación del cosmos del cartógrafo portugués **Bartolomeu Velho,** basada en la cosmogonía de Claudio Ptolomeo para su obra *Cosmographia*, de 1568, que se halla en la Biblioteca Nacional de París.

la humanidad es un poco lenta en darse cuenta de sus errores...

Antes de Ptolomeo, otros sabios como Aristóteles habían defendido el mismo modelo geocéntrico. Según su maestro Platón, la Tierra era una esfera que descansaba en el centro del Universo. Las estrellas y planetas giraban alrededor de la Tierra en círculos celestiales y ordenados en el siguiente orden (hacia el exterior del centro): Luna, Sol, Venus, Mercurio, Marte, Júpiter, Saturno y resto de estrellas.

Luego llegó Ptolomeo y cambió el orden. La Tierra, por supuesto, seguía plantada en pleno centro, la Luna bien cerquita, y entonces venía Mercurio, Venus, Sol, Marte, Júpiter, Saturno y el resto de estrellas. Pero esta teoría tenía un problema que los astrónomos no sabían resolver. Algunos planetas como Venus y, sobre todo, Marte, describían trayectorias errantes en el cielo. Es decir, a veces se movían adelante y atrás. Mal íbamos, pues todos creían que los movimientos y las formas del cielo eran círculos perfectos.

Aristarco la lía

Así fue como algunos sabios empezaron a cuestionar el geocentrismo. Primero fueron los discípulos de Pitágoras (como Hicetas o Ecphantus). Estos creían que la Tierra era uno de los varios planetas que circundaban alrededor de un «fuego central». Luego fue Heráclides Póntico, proponiendo que los planetas orbitaban alrededor del Sol y éste a su vez rodeaba la Tierra. ¡Venga a girar todo el mundo! Pero el mundo, o sea, la Tierra, quietecita en el centro del universo.

Pero el más radical de todos fue Aristarco de Samos. Este astrónomo y matemático griego pasará a la historia por ser el primero en proponer un modelo heliocéntrico del Sistema Solar, colocando al Sol, y no a la Tierra, en el centro del

La escuela de Atenas, de **Raphael,** realizado en 1511. Contiene a todos los genios de la Antigüedad, bueno, no a todos, pues no está el griego Aristarco, que situó antes que nadie la tierra en su lugar, pero está su antecesor, Ptolomeo, o eso se cree, a la derecha, de espaldas, con un globo terráqueo en la mano.

El cartógrafo alemán **Andreas Cellarius** publicó en 1660 su *Harmonia Macrocosmica*, un atlas estelar maravilloso, del que aquí vemos una escenografía de los mundos inspirada en el astrónomo Tycho Brahe.

universo conocido. Poco caso le hicieron. Aquello no podía ser ¿a quién se le ocurría desplazarnos de nuestro querido «centro»? El rechazo que provocaron sus teorías puede verse reflejado en el siguiente pasaje de Plutarco:

«Cleantes, un contemporáneo de Aristarco, pensó que era deber de los griegos procesar a Aristarco de Samos con el cargo de impiedad por poner en movimiento el Hogar del universo (es decir, la Tierra)… suponiendo que el cielo permanece en reposo y la Tierra gira en un círculo oblicuo, mientras rota, al mismo tiempo, sobre su propio eje (*Obras morales y de costumbres* V. IX).»

Todos los astrónomos clamaron en contra de Aristarco. Su argumento era sencillo, pero equivocado. Según la mayoría, si la Tierra giraba alrededor del Sol, debía haber algunas variaciones en las posiciones relativas de las estrellas, observadas desde diferentes puntos de la órbita terrestre. Y eso no ocurría. Claro, en aquella época los instrumentos de observación astronómica eran muy rudimentarios y no cayeron en la hipótesis correcta: la Tierra gira alrededor del Sol, pero las estrellas están tan lejos que el desplazamiento es tan pequeño que no puede ser apreciado a simple vista. Además, pensaban que si la Tierra se movía, los vientos provocados en la superficie harían inhabitable el planeta. Según Ptolomeo, si la Tierra se moviese sería observable al dejar caer una piedra desde una torre. Al hacerlo, su trayectoria se desviaría hacia el oeste (cosa que no ocurría), sin contar que la fuerza centrífuga mandaría al espacio a todos los habitantes de la Tierra.

Copérnico fue el primer astrónomo moderno; tenía tantas ocupaciones que apenas podía dedicarse en su tiempo libre a la astronomía, pero era un genio. Situó al sol en su lugar, y no fue quemado por la Inquisición.

De Copérnico a Einstein

Así que las revolucionarias ideas astronómicas de Aristarco no fueron bien recibidas. ¡Y por mucho tiempo! Tuvieron que pasar 1.700 años más para que el erudito Nicolás Copérnico (1473-1543) volviera a plantearse el modelo heliocéntrico como una alternativa consistente. Además, sacar a la Tierra del centro iba también en contra de las doctrinas filosóficas clásicas, según las cuales la Tierra debía tener un papel especial respecto a los demás cuerpos celestes y su lugar debía ser el centro del universo.

En su *De Revolutionibus Orbium Coelestium*, Copérnico aseguraba que la Tierra y los demás

Johannes Kepler, seguidor de Copérnico, fue uno de los matemáticos más grandes de la historia. Ideó un modelo geométrico para el movimiento de los astros que debía cumplir las leyes pitagóricas de la armonía. Pero hasta que no tuvo acceso a los datos de Tycho Brahe no pudo comprender que los planetas se movían describiendo elipses y no círculos perfectos, y enunciar sus tres famosas leyes.

planetas rotaban alrededor del Sol. Pero no daba demasiadas pruebas para convencer al personal. Su teoría heliocéntrica ofrecía las mismas predicciones de las efemérides cósmicas que Ptolomeo.

No había forma de finiquitar el error del geocentrismo. Hasta que en diciembre de 1610, un tal Galileo Galilei (1564-1642) miró por su telescopio recién estrenado (e inventado) y vio que Venus tenía fases, igual que la Luna. Ptolomeo debió temblar en su tumba, pues las observaciones de Galileo eran incompatibles con su sistema geocéntrico.

También detectó cuatro de los satélites de Júpiter, hecho que demostraba que no todos los cuerpos celestes orbitaban alrededor de la Tierra. Todas estas observaciones fueron publicadas en sus obras *El mensajero de los astros* (1610) y *Diálogo sobre los dos grandes sistemas del mundo* (1632). Tan sólo un año después, Galileo fue literalmente obligado a retractarse de sus ideas y los ejemplares de sus obras se quemaron públicamente, tras ser puestos en el índice de libros prohibidos de la iglesia católica.

El debate no cesaba. El siguiente en colocar el Sol en el centro del universo fue Giordano Bruno (1548-1600). Este religioso y astrónomo napolitano propuso un modelo de universo infinitamente más grande que el supuesto por Copérnico, y además afirmó que ni el hombre ni la Tierra ocupaban ningún puesto de privilegio en él. ¡Menuda blasfemia! Aquello le costó ser perseguido por la Iglesia católica y cumplir una condena de ocho años de cárcel. Finalmente, el 17 de febrero de 1600 fue condenado a la hoguera por «herético, pertinaz y obstinado».

Poco después de su muerte, el astrónomo y matemático alemán Johannes Kepler (1571-1630) formuló un modelo de órbita no circular, sino elíptico, de los astros. Le siguió Isaac Newton (1643-1727) que en 1687 lanzó su ley de la gravitación universal explicando el porqué de la forma de las órbitas y la fuerza que las mantiene. Y así hasta llegar a la teoría de la relatividad. Formulada por el físico Albert Einstein (1879-1955) en 1905, permite conocer la posición y el movimiento de un astro del universo tomando como centro cualquier punto de él. De momento, es la teoría que todos consideramos como válida. Pero, ¿es la real? El tiempo lo dirá...

Ptolomeo versus Copérnico

¿La Tierra o el Sol? ¿Quién ocupa el centro del Universo? Parece una pregunta fácil de responder, pero siglos atrás causó más de un enfrentamiento.

En su obra *Almagesto*, escrita entre los años 138 y 161, Ptolomeo estableció las siguientes hipótesis:

- El cielo es de forma esférica y tiene un movimiento giratorio.
- La Tierra es también de forma esférica y está situada en el centro del cielo.
- A causa de sus dimensiones y de su distancia a las estrellas fijas, la Tierra se comporta frente a esta esfera como si fuese un punto.
- La Tierra no participa en ningún movimiento.

- Los planetas se desplazan en pequeños círculos cuyo centro se mueve, a su vez, en una órbita circular alrededor de la Tierra.

Siglos más tarde, Nicolás Copérnico escribió *De Revolutionibus Orbium Coelestium* (entre 1506 y 1531) donde lanzó al mundo su teoría heliocentrista. En ella defendía lo siguiente:

- La Tierra no ocupa el centro del Universo.
- El único cuerpo que gira alrededor de la Tierra es la Luna.
- Los planetas giran alrededor del Sol.
- La Tierra no está en reposo, sino que gira sobre sí misma, lo que produce el día y la noche.

Anatomía ¿humana?

ERROR: Basar sus conocimientos de anatomía humana en la observación de simios, cerdos y otros animales.

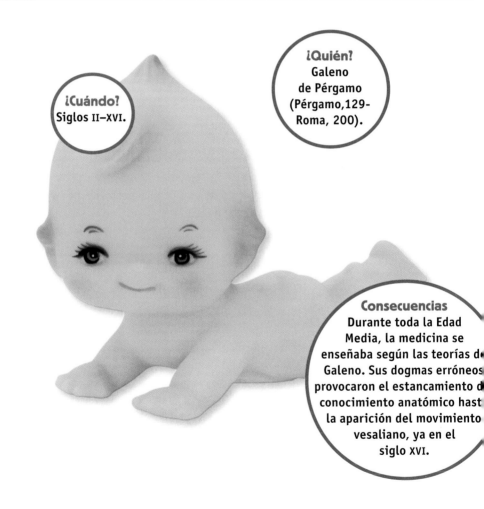

¡Cuándo!
Siglos II–XVI.

¡Quién!
Galeno
de Pérgamo
(Pérgamo,129-
Roma, 200).

Consecuencias
Durante toda la Edad
Media, la medicina se
enseñaba según las teorías de
Galeno. Sus dogmas erróneos
provocaron el estancamiento del
conocimiento anatómico hasta
la aparición del movimiento
vesaliano, ya en el
siglo XVI.

«Para mí está bien claro, gracias al renovado arte de la disección, a lecturas diligentes de los libros de Galeno y a su corrección en varios sitios, que él nunca disecó un cuerpo humano y que confundido por sus monos (aunque sí tuvo acceso a dos cadáveres humanos ya secos), a menudo y de manera inadecuada se opuso a los médicos antiguos educados en el arte de la disección...»

De Humani Corporis Fabrica,
Andrés Vesalio

Galeno nació en la antigua colonia griega de Pérgamo, en Turquía, donde ya desde muy joven empezó a trabajar como médico de los gladiadores en el gimnasio de la ciudad. En aquella época, estos luchadores (la mayoría esclavos) eran valiosísimos y mantenerlos sanos y en plena forma era toda una responsabilidad. Tanto como pueda tener actualmente el equipo médico de un equipo de la NBA o la *Premier League* inglesa.

Más de un gladiador salvó su vida gracias a las prácticas de Galeno, cosa que empezó a reportarle fama y dinero. Tal éxito hizo que empezaran a solicitar sus servicios como médico los personajes y familias más ricas de la ciudad.

Galeno hacía sus prácticas diseccionando animales, ya que en la Antigua Roma estaba prohibido usar cadáveres humanos. Se dice que tenía veinte escribientes anotando sus observaciones en griego, el lenguaje culto de la época.

***Pollice verso,* de Jean Gerome,** 1872. Al parecer, esta frase hace referencia al movimiento del pulgar que concede el perdón o condena al gladiador; Galeno hizo fortuna curando las heridas de estos esforzados luchadores que se enfrentaban con armas terriblemente cortantes.

ANDREÆ VESALII.

Andrea Vesalio puso en evidencia muchos de los errores de Galeno. Vesalio dio clases en Padua diseccionando cadáveres de animales ante sus alumnos, y consiguió, en 1539, que un juez le permitiera diseccionar cadáveres humanos de criminales condenados a muerte.

De Pérgamo a Roma

Galeno soñaba con convertirse en el médico más importante de su época y Pérgamo empezó a quedarle pequeña. Así que a los 33 años viajó a Roma decidido a hacer realidad sus ambiciones. Allí pronto se labró una excelente reputación y personajes de la talla de Marco Aurelio, Cómodo y Séptimo Severo lo contrataron como médico personal. Galeno era un tipo incansable y aprovechó su éxito profesional para publicar numerosos tratados de medicina. En vida escribió más de 400 obras, la mayoría de las cuales se perdieron en el incendio de Roma del año 192. Textos como *De Anatomicis administrationibus*, *De usa partium* o *Methodus medendi* (*El método de medicar*) se convertirían en dogma médico durante más de 15 siglos hasta que un tal Andrés Vesalio, médico anatomista belga, puso en evidencia algunos de sus errores en su libro *Opera omnia*. Por ejemplo, Vesalio descubrió que el corazón tenía cuatro cavidades, que el hígado tenía dos lóbulos y que los vasos sanguíneos comenzaban en el corazón, y no en el hígado.

Un poco despistado

Considerado como uno de los padres de la anatomía moderna, Galeno basó gran parte de sus conocimientos en la observación directa de cadáveres de animales (monos, cerdos, perros...). Por aquella época, la disección de humanos estaba prohibida y, claro, andaban un poco perdidos con los huesos, órganos, vasos sanguíneos y otras vísceras. En este sentido, una de sus meteduras de pata fue su descripción del flexor profundo de los dedos de la mano. De acuerdo a sus disecciones de monos, lo dividió en cinco tendones incluyendo el del pulgar. Ignoró así la descripción del oponente del pulgar como un músculo independiente. Cosa que precisamente es lo que permite la fina función instrumental de la mano humana. Galeno supuso la existencia en el cuerpo humano de estructuras más propias de los simios u otros animales. Así, en sus obras se refería a esternones segmentados, hígados multiovulados, dobles conductos biliares, coxales separados, úteros bicornes...

Además, el médico más representativo del Imperio romano consideraba que el pus era un buen síntoma, porque significaba que la herida se estaba limpiando. Esta opinión perduró durante muchísimos años.

Nervios y espíritus

Galeno también se interesó por el sistema nervioso. Tras varias observaciones, concluyó que todos los nervios estaban divididos en dos vías, una para los sentidos y otra para las acciones físicas (que llegaron a ser conocidas como vías sensoriales y motoras). ¿Y qué viajaba a lo largo de estas vías? Galeno ofreció una hipótesis que sobreviviría durante 1.500 años. Decidió que debido a su posición central en el organis-

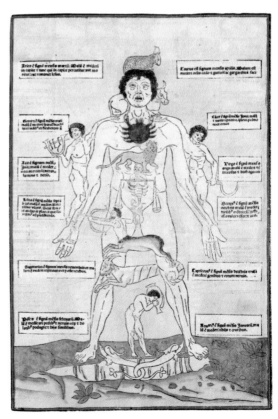

Imagen del *Fasciculus Medicinae*, de Johannes de Ketham, primer libro sobre temas de medicina, impreso en 1491 en latín.

Mural de la iglesia de Anagni, en Italia, que muestra a Galeno e Hipócrates compartiendo conocimientos.

mo, el cerebro controlaba los otros órganos, particularmente los músculos voluntarios, por medio de una red de conductos huecos que llevaban «espíritus animales» desde su punto de origen, los ventrículos cerebrales, a lo largo de vías sensoriales y motoras. Para explicar cómo eran creados estos «espíritus», Galeno sostenía que la comida digerida era transferida desde el intestino hasta el hígado, donde era usada para hacer «espíritus naturales». El hígado pasaba esos espíritus al lado derecho del corazón para su conversión en «espíritus vitales»; a su vez, éstos eran llevados por la sangre arterial a los ventrículos cerebrales y convertidos en espíritus animales. Así fue la primera hipótesis para explicar la transmisión del fenómeno nervioso. Hasta el siglo XVII, las hipótesis de Galeno no empezaron a ser cuestionadas. Las primeras observaciones con microscopios rudimentarios, como el inventado en 1665 por Robert Hooke, no mostraban que los nervios estuvieran huecos.

El resto se equivoca

Durante todos los años de su carrera médica, Galeno jamás reconoció sus errores. Sus escritos mostraban un tono autoritario y no duda en considerar como ignorantes, estúpidos, o ambas cosas, a todos aquellos que ponían en entredicho o contradecían sus teorías. Al discutir cualquier tema, Galeno adoptaba siempre la misma estrategia: primero identificaba a su contrincante y resumía la opinión que iba a demoler, sin dejar pasar la oportunidad de calificarlo de absurdo, débil mental o algo peor; después invocaba a su querido Hipócrates y señalaba allí donde su víctima se apartaba o hasta contradecía al sabio de Cos.

Sea como sea, su trabajo médico tiene gran mérito, pues los instrumentos y medios de observación de aquella época dejaban mucho que desear, sin hablar de la higiene. De hecho, los libros modernos de anatomía humana usan todavía muchos de los nombres que dio Galeno a ciertos músculos.

Uno de los dibujos de disecciones humanas de Vesalio en *De humani corporis fabrica*, su obra de siete tomos dedicada a Carlos V.

Los cuatro humores del cuerpo

Galeno asumió la teoría hipocrática de los cuatro humores: sangre, flema, bilis amarilla y bilis negra. Según sus tesis, la sangre se formaba en el hígado; la bilis amarilla en la vesícula biliar; la bilis negra en el bazo; y la flema o pituita en la glándula pituitaria. Esos cuatro humores eran fluidos que se correspondían a los cuatro elementos y a las cuatro estaciones del año: la sangre correspondía al aire y predominaba en la primavera (sanguíneos); la bilis amarilla correspondía al fuego y predominaba en verano (coléricos); la bilis negra correspondía a la tierra y predominaba en otoño (melancólicos), y la flema correspondía al agua y predominaba en invierno (flemáticos).

El cuerpo enfermaba cuando había un desequilibrio de los cuatro humores. Esto se diagnosticaba por el pulso, la orina y las inflamaciones de los órganos.

Más vale sangrar que curar

ERROR: Practicar frecuentes y copiosos sangrados con la intención de curar todo tipo de enfermedades.

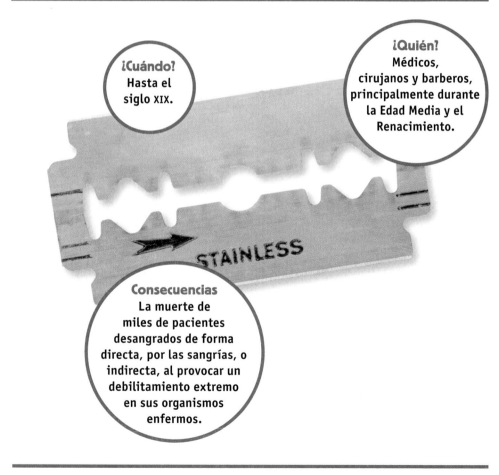

¡Cuándo!
Hasta el siglo XIX.

¡Quién!
Médicos, cirujanos y barberos, principalmente durante la Edad Media y el Renacimiento.

Consecuencias
La muerte de miles de pacientes desangrados de forma directa, por las sangrías, o indirecta, al provocar un debilitamiento extremo en sus organismos enfermos.

«La sangría purga veladamente el cuerpo, por-
que excita los nervios, mejora los ojos y la men-
te y mueve el vientre. Aporta el sueño, limpia los
pensamientos y expulsa la tristeza. Y el oído, el
vigor y la voz aumentan cada día.»

Código de Salud de la Escuela de Salerno (s. XII)

Imagina que acudes al médico por una simple gri-
pe y deciden atajar la enfermedad sacándote unos
cuantos litros de sangre... La sangría ha sido una
de las prácticas más extendidas en la historia de
la medicina. Durante siglos, los médicos confiaban en las supuestas bondades de este sistema,
que estuvo vigente hasta el siglo XIX.

No hace falta remontarse demasiado lejos. A
finales de 1800, Benjamin Rush (1745-1813), médico y humanista norteamericano, era considerado por sus contemporáneos como el «Hipócrates de la nación». Aunque pasaría a la historia
como el «Príncipe de los sangrados». Rush, una
de las 56 firmas que aparecen al pie de la Decla-
ración de la Independencia de los Estados Unidos, creía que todas las enfermedades se podían
curar mediante sangrías. Su récord lo batió durante una epidemia de fiebre amarilla. Él solito
llegó a practicar más de 100 sangrías diarias. Al
principio les sacaba un cuarto de litro de sangre
a cada uno. Pero empezó a observar que cuanto
más sacaba, más rápida era la recuperación. Así
que aumentó la cantidad de sangre extraída hasta superar los dos litros de sangre. Una auténtica barbaridad, teniendo en cuenta que el cuerpo
humano contiene cinco litros (Rush pensaba que
contenía 11...).

Manuscrito medieval que muestra una sangría, forma de curar las enfermedades que se practicaba en aquellos tiempos para debilitar al enfermo y acabar de paso con el mal. Curiosamente, algunos enfermos sobrevivían.

Limpiando impurezas

Esta insana costumbre de sangrar a los enfermos se remonta al antiguo Egipto. Más tarde, médicos griegos como Hipócrates relacionaron las sangrías con la teoría de los humores. Se creía que las enfermedades eran producto de un desequilibrio de fluidos corporales (humores). Para restablecer este equilibrio había que provocar vómitos, sudor y sangrías. Galeno también recomendaba la flebotomía como método de purificación del organismo. Durante los siglos I y II, los médicos griegos exportaron las sangrías a Roma. Allí practicaban la flebotomía en los *iatreion* (dispensarios), más tarde llamados *medicatrina*. Con este procedimiento se pretendía limpiar de impurezas al organismo. Las sangrías estaban indicadas en casos tan dispares como el parto, el pre y postoperatorio, los procesos inflamatorios, las enfermedades infecciosas, la apoplejía y como preventivo de una larguísima lista de enfermedades.

Afeitados y sangrados de oferta

Fue a partir de la Edad Media cuando esta práctica se extendió peligrosamente. Durante el medioevo, los monjes solían autosangrarse varias veces al año y apareció la figura del cirujano barbero, auténtico especialista en sangrías. Éste lavaba la cabeza y cortaba el pelo y la barba a sus clientes, pero también preparaba y colocaba emplastos y curas, extraía muelas, amputaba miembros, además de practicar numerosas sangrías. Durante el siglo XIII llegaron a establecerse gremios de cirujanos barberos que regulaban las condiciones de aprendizaje y realizaban el control socio-profesional de los integrantes del colectivo. Anunciaban sus servicios colocando junto a la puerta de sus locales un cilindro con bandas blancas y rojas que representaban las vendas y la sangre, respectivamente. En la actualidad, todavía podemos encontrar algún antiguo establecimiento de barbería con el típico cilindro giratorio...

Una arriesgada práctica

La sangría se llevaba a cabo mediante incisiones en diferentes partes del cuerpo. Se hacía con una lanceta, instrumento similar a un bisturí, pero con ambos bordes afilados. Sosteniéndola entre el pulgar y el índice, el cirujano hacía un corte longitudinal o en diagonal en una vena del brazo. Cada vez se practicaban cortes más profundos, ayudando a aumentar la hemorragia mediante el uso de vinagre. La víctima corría el peligro de morir desangrada, cosa que ocurría en muchas ocasiones.

Una vez extraída, los sangradores solían examinar minuciosamente la sangre del paciente. Según el aspecto (y también el olor) había sangre gruesa, delgada, podrida, serosa, espumosa, oleaginosa, con arenilla, nauseabunda... A partir de dicha observación, el médico o cirujano se atre-

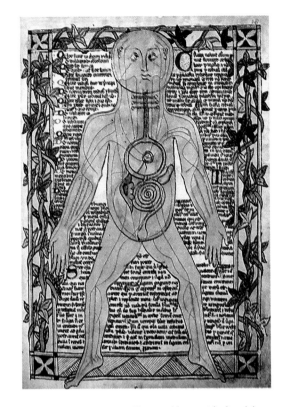

Ilustración anatómica del siglo XIII que muestra el sistema venoso tal como lo conocían en esa época.

La sangre, que tanto nos horripila en los tiempos presentes, era algo a lo que todo el mundo estaba acostumbrado hasta hace pocos decenios.

vía a dar un diagnóstico, muchas veces equivocado. Si era necesario, se sangraba repetidas veces a un mismo paciente. Un tratado publicado en 1557 afirmaba que «la sangre es como el agua de una buena fuente: cuanto más se saca, más queda». Los niños y los ancianos tampoco escapaban al tratamiento.

Uno de sus grandes defensores fue Guy Patin, nada más y nada menos que el decano de la Facultad de Medicina de París. En su cuantiosa correspondencia se puede leer alguna de sus prácticas, como cuando relata que en cierta ocasión llegó a sangrar 20 veces a su propio hijo aquejado de fiebre… Según Patin: «No existe remedio en el mundo que opere tantos milagros como la sangría. Ordinariamente, nuestros parisienses hacen poco ejercicio, beben y comen mucho y se tornan pletóricos. En estas condiciones, difícilmente se verán aliviados de cualquier enfermedad que les sobrevenga si no se procede a sangrarlos enérgica y copiosamente».

Durante el siglo XVII, la práctica de la sangría alcanzó límites indiscriminados en manos de sus más distinguidos médicos, como G. Riolano (1580-1657), Santorio Santorio (1561-1636) y J. B. Van Helmont (1577-1644). El mismísimo rey francés Luis XIII (1610-1643) llegó a recibir 47 sangrías en un solo año. En aquella época, se aconsejaba recibir una sangría mensual para adultos y una cada seis meses para los ancianos.

En el Renacimiento, era muy común realizar sangrías sobre todo en las enfermedades infecciosas. De ahí en adelante se implantó la costumbre de sangrar a los pacientes cerca del foco de la enfermedad. Incluso se llegó a implantar la sangría total en casos de fiebre, por medio de la aplicación de sanguijuelas (hasta 50) en todo el cuerpo.

Afortunadamente, esta práctica empezó a caer en desuso durante la segunda mitad del siglo XIX. La aparición de las historias clínicas que describían los tratamientos y sus resultados revelaron que sacarle sangre a un enfermo no le producía beneficio alguno. También se descubrió que la falta de higiene mataba a más gente que la enfermedad a causa de las infecciones. Desgraciadamente, miles de pacientes no vivieron para contarlo.

La apoteca nauseabunda

Otra de las prácticas más sorprendentes en la historia de la medicina fue la llamada apoteca nauseabunda. A lo largo de los siglos, la ciencia ha tratado de plantar cara a las enfermedades utilizando todo tipo de sustancias: de origen mineral (plomo, cobre, oro, plata...), vegetal (ricino, aceite, vino...) o animal (leche, grasa, huesos, vísceras de animales...). Pero durante un tiempo, muchos médicos confiaban en un tipo de fármacos elaborados con orina, sangre menstrual, carne putrefacta, pulgas pulverizadas, sapos calcinados, excrementos de cocodrilo, grasa rancia, heces de mosca, cerumen... En la obra medieval *Thesaurus Pauperum*, de Petrus Hispanicus, se recomienda para las hemorragias genitales femeninas colocar en la boca de la matriz estiércol de cabra y cabezas de puerros bien machacadas, así como hacer un emplasto

con ranas calcinadas mezcladas con pelos de liebre, estiércol, caldo de cabeza de vaca bien cocida y gusanos.

La cocaína cura

ERROR: Popularizar la cocaína como remedio terapéutico.

¡Cuándo?
1880.

¡Quién?
Laboratorios norteamericanos, europeos y personalidades como Sigmund Freud.

Consecuencias
Provocar miles de intoxicaciones y adictos a una nueva droga.

«No pierda tiempo, sea feliz; si se siente pesimista, abatido, solicite cocaína.»

Campaña promocional de Parke & Davis

Todo empezó unos 300 años antes cuando Francisco Pizarro (1476-1541) andaba con su ejército conquistando Perú. Las condiciones de la selva eran extenuantes y los soldados caían como moscas. Poco a poco, los más observadores notaron que los indígenas soportaban las agotadoras marchas sin problema. No eran superhombres, su secreto estaba en las hojas de una pequeña planta que todo el día andaban mascando. Se trataba de un arbusto (*Erythroxylum coca*) fácil de cultivar y que crecía silvestre en los Andes amazónicos de Perú y Bolivia. Mientras masticaban la hierba durante horas, la propia saliva iba separando el potente alcaloide que contiene, dándoles esa sensación de euforia incansable que tanto sorprendió a los españoles. A mediados del siglo XVI, un indígena comedor de coca podía llegar a consumir entre 25 y 50 g de hojas de coca al día. España intentó atajar dicha costumbre estableciendo leyes y prohibiciones, pero de nada sirvió.

El nacimiento de la cocaína

Las noticias de sus efectos llegaron pronto a Europa. De regreso al viejo continente, los grandes viajeros y exploradores empezaron a traer hojas de coca y a difundir las propiedades de la mágica planta. Así lo hizo el médico italiano Paolo Mantegazza (1831-1910), cuando a su vuelta de Perú en 1859, proclamó haber descubierto una planta que, tomada con precaución, tenía poderes curativos excepcionales. Ese mismo año, el bioquímico vienés Albert Niemann (1834-1861) consiguió aislar el famoso alcaloide que contiene las hojas de la coca.

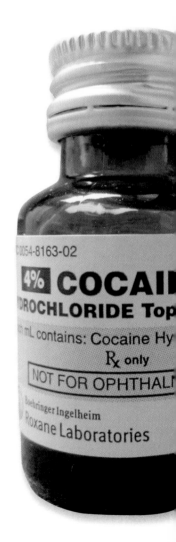

La coca tiene una utilidad en los Andes si se mastica para combatir el mal de altura. Procesada, es un poderoso estimulante del que no tardaron en descubrirse sus efectos perniciosos.

Acababa de nacer la cocaína. A partir de ese momento, americanos y europeos empezaron a experimentar con dicha sustancia, en la que encontraron muchas más ventajas que inconvenientes. En 1880, la cocaína se incluyó en la lista oficial de drogas de la farmacopea de los Estados Unidos. Laboratorios interesados en la cocaína como Parke & Davis montaron campañas promocionales con lemas como: «No pierda el tiempo, sea feliz; si se siente pesimista, abatido, solicite cocaína». La asociación contra la fiebre del heno adoptó la cocaína como remedio oficial. En suma, el entusiasmo fue general con respecto a este maravilloso sustento que fortificaba el sistema nervioso, ayudaba a la digestión, estimulaba los cuerpos fatigados y calmaba los dolores.

El entusiasmo de Freud

En Europa, el físico alemán Theodor Aschenbrandt empezó a experimentar con la sustancia administrando cocaína pura a los soldados bávaros. Los cadetes hacían instrucción a todas horas… Un ejército incansable, ¡el sueño de cualquier país! Sorprendido, Aschenbrandt publicó un artículo («*Die physiologische Wirkung und die Bedeutung des Cocains*») que pronto llegaría a manos de otro reputado médico y neurólogo, Sigmund Freud. Impresionado, empezó a tomar cocaína para comprobar personalmente sus efectos. El padre del psicoanálisis estaba convencido de que la droga era beneficiosa para tratar trastornos digestivos, neurastenias, neuralgias faciales, asma y hasta la impotencia. También la recomendaba para la adicción a la morfina. Así fue como creó el primer adicto conocido a la cocaína. Para curar la adicción a la morfina de su amigo, el Dr. Ernst von Fleischl-Marxow, empezó a suministrarle cocaína en pequeñas dosis

Sigmund Freud creyó, **equivocadamente**, que la cocaína era la panacea universal. Cuando se dio cuenta de su error, no dudó en librarse del mal hábito. Lástima que no pudiera desprenderse del vicio del tabaco, que le acabó produciendo un doloroso cáncer.

inyectadas. Menudo remedio. Su colega se enganchó a la droga y murió seis años después adicto a la morfina... y a la cocaína.

Freud seguía convencido de las bondades de esta droga. Publicó varios artículos, celebró conferencias sobre el tema... Estaba entusiasmado, como lo demuestra en una carta a su esposa Martha:

«La cocaína hace nacer en mí otras esperanzas y proyectos. La tomo regularmente en muy pequeñas dosis para combatir la depresión y la mala digestión y esto con el más brillante éxito. Espero lograr suprimir los vómitos más tenaces, incluso si son debidos a algún grave padecimiento; en resumen, sólo ahora me siento médico, pues he podido acudir en ayuda de un enfermo y espero socorrer a otros.»

La Coca-Cola, en sus inicios, contenía cocaína. Era, claro, una maravillosa bebida estimulante que se vendía en la farmacia de su inventor, pero que, al empezar a fabricarse industrialmente, la sustituyó por cafeína.

En sus escritos sobre la cocaína, Freud sugiere seis campos para su aplicación terapéutica: como estimulante, para trastornos gástricos, para la caquexia (pérdida de fuerzas y reservas alimenticias), para curar a morfinómanos y alcohólicos, en aplicaciones locales, y como afrodisíaco.

Muy pronto, los efectos de la droga empezaron a afectar a sus colegas. Tras la muerte del Dr. von Fleischl-Marxow, surgieron las críticas. En 1885, el químico alemán Emil Erlenmeyer calificó la cocaína como «el tercer azote de la humanidad después del opio y el alcohol». Otros científicos se sumaron a las críticas y Freud empezó a desdecirse de sus teorías sobre la cocaína. A principios del siglo XIX, Freud sentó las bases del psicoanálisis con *La interpretación de los sueños*, y su gran descubrimiento dejó en el olvido su interés por la cocaína.

Fumar es sano

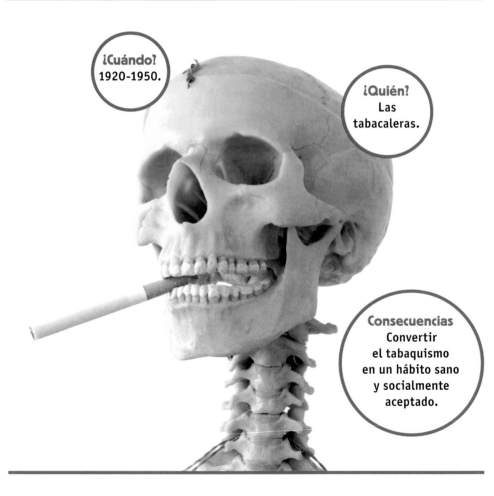

¡Cuándo?
1920-1950.

¡Quién?
Las tabacaleras.

Consecuencias
Convertir el tabaquismo en un hábito sano y socialmente aceptado.

«La mayoría de los médicos prefiere fumar Camel.»

Campaña publicitaria de los años 50

Cada 31 de mayo, la Organización Mundial de la Salud organiza el Día Mundial Sin Tabaco. La campaña sirve para recordarnos que el tabaco es uno de los problemas más graves de salud pública. Muertes prematuras, cáncer, cardiopatía isquémica y cerebrovascular, problemas dentales… nada que no sepamos. Pero entre 1920 y 1950 andaban un poco despistados con el tema. Fumar era elegante, socialmente aceptado y hasta ¡saludable! para la garganta, la memoria, la digestión y el estrés. Así lo mostraban miles de campañas publicitarias con eslóganes como: «Cuida tu salud, fuma Chesterfield», «L&M, justo lo que el médico te mandó», «20.679 doctores aseguran que los Luckies son menos irritantes» o «La protección para tu garganta contra la irritación y la tos».

A finales de los 50, el *Journal of the American Medical Association* llegó al extremo de publicar estudios cientí-

Esperemos que un día no pase con el buen vino y con el jamón lo que le sucedió al tabaco, que pasó de alargar la vida a primera causa de mortalidad. Después de dos mil años, nos hubiéramos enterado…

ficos que demostraban que los cigarrillos de Phillip Morris eran menos irritantes y sugería a los médicos que los recomendaran a sus pacientes. Sólo años después, una campaña de Marlboro mostraba a una serie de bebés animando a fumar a sus madres: «Antes de regañarme, mamá, sería mejor que encendieras un Marlboro» y «No necesitas malos humos, ése es el milagro de Marlboro»... Otra famosa marca de cigarrillos, Camel, lanzó esta campaña:

Si, sí, el tabaco empezó siendo recomendado incluso por los médicos; tal vez el fundamento fuera la tranquilidad que producía en los fumadores. Claro que la falta de estrés está desprestigiada en una época en la que necesitas tener los genes adecuados y una alimentación exquisita para alcanzar una edad avanzada.

«Un médico no vive como desea. Interrumpe sus vacaciones y días festivos, más las noches de sueño rotas. Las situaciones de emergencia requieren su presencia durante muchas horas con una pausa en algún lugar y tal vez el placer de un cigarrillo... Los fabricantes de Camel están orgullosos del hecho de que, de los 113.597 médicos a los que se pidió recientemente el nombre de los cigarrillos que prefieren fumar, más médicos dijeron Camel que cualquier otra marca. Esta encuesta fue nacional y abarca los médicos en cada rama de la medicina. Tres organismos independientes de información verificaron los resultados.»

Deportistas y estrellas de Hollywood

Entre sus supuestas propiedades beneficiosas, las tabacaleras destacaban el efecto revitalizante de los cigarrillos. Otra vez, Camel no dudó en fichar al tenista Ellsworth Vines (nº 1 del mundo en los años 30) para una de sus campañas. El campeón convenció a miles de norteamericanos diciendo algo así: «Un campeonato de tenis es uno de los deportes más modernos. Después de cuatro o cinco sets, a veces siento que no puedo dar otro paso. Es entonces cuando el sabor de un Camel vale un millón de dólares. Los Camel tienen una refrescante forma de levantar mi energía hasta un nivel superior. Y puedo fumar todos los Camel que quiero, sin que interfieran en mis nervios».

Las estrellas de Hollywood fumaban en sus películas. Esto hacía aumentar vertiginosamente las ventas de las tabacaleras. Las empresas utilizaban ese gancho para atraer a futuros fumadores. Paramount y Warner fueron las grandes productoras que firmaron más acuerdos, sobre todo con Lucky Strike y Chesterfield. Clark Gable y Gary Cooper, por ejemplo, recibieron 150.000 dólares de la época (más de 100.000 euros) por fumar Lucky. En los carteles publicitarios se sucedían deportistas del momento como Joe DiMaggio, los actores John Wayne, Rock Hudson o Ronald Reagan, y hasta el mismísimo Santa Claus con un cigarrillo en la mano. La mayoría murieron por sus excesos. Que se sepa, por fumar murieron John Wayne, Steve McQueen y Yul Brinner, de sendos cánceres, pero no pudieron dejar el vicio. Otro fumador cabezota fue Humprey Bogart, que tenía cáncer de esófago y no acudió al médico hasta que fue demasiado tarde.

El bebé está encantado de que su madre disfrute fumándose un cigarrillo. No tardará muchos años en tener la edad suficiente para fumarse él mismo unos cuantos paquetes, si es necesario, a escondidas. ¿Qué sentido tendría la vida sin un poco de riesgo?

La técnica del picahielo

ERROR: Popularizar la práctica de la lobotomía en los Estados Unidos.

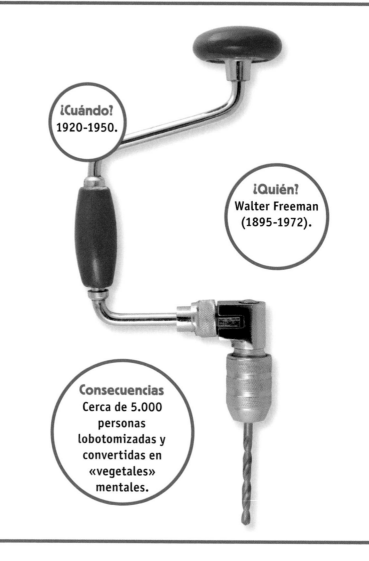

¿Cuándo?
1920-1950.

¿Quién?
Walter Freeman
(1895-1972).

Consecuencias
Cerca de 5.000
personas
lobotomizadas y
convertidas en
«vegetales»
mentales.

El tratamiento de las enfermedades mentales a lo largo de la historia está plagado de técnicas realmente abominables. Es el caso de la trepanación, la intervención quirúrgica más antigua de la que se tiene evidencia. Ya aparece en el periodo Neolítico, hace entre 4.000 y 2.400 años, aunque se han encontrado cráneos perforados que tienen más de 7.000 años de antigüedad. Esta «intervención» (por llamarla de alguna manera) consistía en la

Se han encontrado muchos cráneos con agujeros que permiten pensar en lobotomías en épocas prehistóricas, probablemente para reducir intensos dolores de cabeza.

escisión mediante cirugía de un fragmento de hueso del cráneo en forma de disco, como vía de acceso al interior de la cavidad craneal. La mayoría de veces se llevaba a cabo con fines mágicos y religiosos, aunque también en casos de heridas por piedras, fracturas de cráneo, infecciones, ataques convulsivos o demencia. Los incas realizaban perforaciones craneales en un intento de obligar a salir a los espíritus malévolos y fue considerada por estos una forma de curación de lesiones craneales, enajenación mental e incluso cefaleas.

Dicha técnica se mantuvo durante la Edad Media y el Renacimiento. Más tarde, médicos reputados probaron otros tratamientos como la inhalación de dióxido de carbono, gases de cianuro de sodio, electroconvulsiones...

Una espeluznante técnica

Ya en el siglo XX, la cirugía moderna para el tratamiento de las enfermedades mentales llegó de la mano de Carlyle Jacobsen. Este psicólogo experimental describió el efecto de la destrucción de los lóbulos frontales en chimpancés. Concretamente lo hizo con Becky, una simia con ataques severos de violencia que acabó más mansa que la perra Lassie tras removerle parte de los lóbulos fronta-

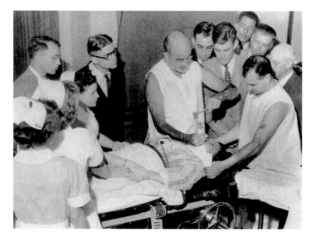

Walter Freeman realizando una de sus lobotomías.
Realizaba las operaciones a través de la cuenca de los ojos, sin ningún tipo de asepsia. Se cargaba literalmente una parte del cerebro y, aunque la mayoría de pacientes no morían, sí que se producían cambios en su comportamiento.

les. Dicha experiencia sirvió de inspiración al psiquiatra y neurocirujano portugués Egas Moniz, triste inventor de la primera lobotomía prefrontal en seres humanos. La intervención era muy arriesgada pero su práctica pronto se popularizó, sobre todo en los Estados Unidos.

La ansiedad crónica severa, la depresión con riesgo de suicidio y el desorden obsesivo-compulsivo eran los síntomas principales tratados. Su principal precursor en Norteamérica fue Walter Freeman, que ni siquiera era cirujano. Él fue el inventor de la espeluznante técnica del picahielo. Como si de una película de terror *gore* se tratara, Freeman introducía en el cráneo un artefacto similar a un picador de hielo a través de las órbitas de los ojos y lo hacía rotar hasta cortar las conexiones entre el lóbulo frontal y el resto del cerebro. El procedimiento duraba pocos minutos y el paciente estaba listo casi inmediatamente. A Freeman le entusiasmaba esta técnica. Según él, la intervención era tan sencilla que no requería especiales cuidados de asepsia y podía ser realizada por psiquiatras (no cirujanos) en cualquier lugar (no necesariamente un quirófano) en un máximo de 15 minutos. Esto llegó a demostrarlo casi de manera circense en cualquier lugar, actitud que le trajo problemas con otros colegas.

Entre los años 30 y 50, realizó lobotomías a lo largo y ancho de Estados Unidos. Lo hacía a bordo de una furgoneta que bautizó con el nombre de *Lobotomobile* llegando a practicar la delicada operación en habitaciones de motel. Durante este tiempo llegaron a hacerse casi 5.000 lobotomías, con poco o sin ningún estudio de seguimiento para considerar si el tratamiento resultaba eficaz. Los lobotomizados solían ser personas con trastornos de neurosis, obsesión, ansiedad y depresión. También se realizaba a esquizofrénicos y se llegó a plantear su uso como tratamiento en el dolor crónico.

Aunque parezca mentira, la mayoría de pacientes sobrevivía a esta intervención, pero los efectos secundarios eran graves. La lobotomía producía importantes cambios en la conducta de los pacientes. Lo cual fue muy criticado por algunos, que pensaban que la lobotomía era una forma quirúrgica de «inducir infancia», y así, hacer «más manejables» a los pacientes.

Afortunadamente, en 1954 apareció la clorpromazina. Descubierta por los científicos franceses Pierre Deniker, Henri Leborit y Jean Delay, este psicofármaco demostró su eficacia en el control de la esquizofrenia y otras psicosis. Dicho compuesto sorprendió al verse que actuaba como tranquilizante sin sedar, es decir, manteniendo la conciencia, lo que sugirió la idea de utilizarla con pacientes psiquiátricos. El fármaco permitió que muchos esquizofrénicos abandonasen los manicomios e hiciesen una vida relativamente normal.

Un Nobel polémico

Curiosamente, Egas Moniz, el precursor de esta salvaje práctica quirúrgica recibió en 1949 el premio Nobel de Medicina junto con el neurólogo suizo Walter Rudolf Hess «por su descubrimiento del valor terapéutico de la lobotomía en determinadas psicosis». En la actualidad, grupos de familiares de lobotomizados luchan para que le sea retirado el premio.

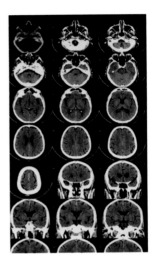

Ni siquiera era posible obtener una imagen de rayos X del interior del cerebro en aquellos tiempos, y menos hacer un escáner o un TAC.

La catástrofe de la talidomida

ERROR: Comercializar el fármaco de la talidomida sin una investigación clínica fiable.

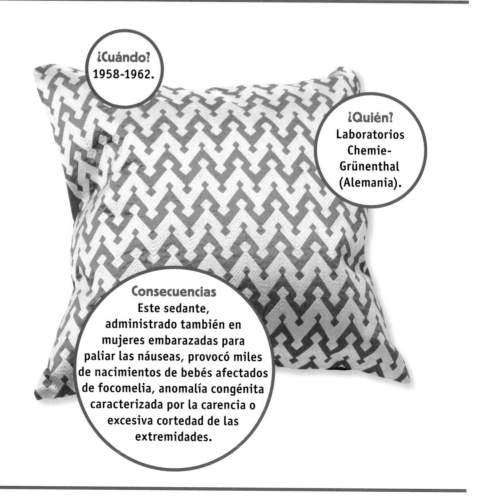

¿Cuándo?
1958-1962.

¿Quién?
Laboratorios
Chemie-
Grünenthal
(Alemania).

Consecuencias
Este sedante,
administrado también en
mujeres embarazadas para
paliar las náuseas, provocó miles
de nacimientos de bebés afectados
de focomelia, anomalía congénita
caracterizada por la carencia o
excesiva cortedad de las
extremidades.

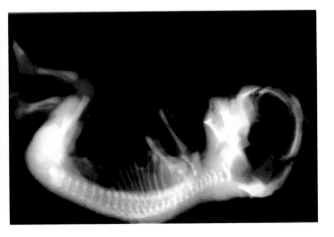

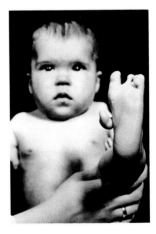

En 1958, la empresa alemana Chemie-Grünenthal lanzó al mercado la talidomida (bajo el nombre comercial de Contergan). El medicamento en cuestión se promocionaba como el sedante más seguro del mercado. Se acabaron las noches en vela con este somnífero libre de efectos secundarios. En poco tiempo, el fármaco se comercializó en medio mundo, recetándose también a niños insomnes o a madres embarazadas por su probada eficacia para evitar las típicas náuseas y vómitos durante la gestación.

En aquella época, la normativa en torno a los medicamentos exigía seguridad, pero no demostración de eficacia. Los estudios clínicos previos en Alemania fueron escasos y el fármaco se comercializó sin receta previa.

La talidomida se comercializó como sedante entre 1958 y 1963. En principio, parecía no tener efectos secundarios, pero afectaba a los fetos tanto si lo tomaba la madre como el padre, produciendo una enfermedad llamada focomelia, un acortamiento anormal de las extremidades.

Un daño terrible

La talidomida se vendió en 50 países con 80 nombres comerciales diferentes y produjo más de 10.000 bebés mutilados.

La inspectora de la FDA **Frances Kesley** recibe una condecoración del presidente John F. Kennedy por haber detenido la venta de la talidomida en Estados Unidos. Aunque nunca había sido aprobada, los médicos habían distribuido millones de pastillas.

Bloqueo en Estados Unidos

Afortunadamente, el fármaco nunca llegó a comercializarse en los Estados Unidos. La responsable fue la Dra. Frances Kelsey que, recién incorporada a la Food & Drug Administration (FDA), llegó a rechazar hasta seis veces la solicitud para introducir la talidomida en el país. Pese a las presiones recibidas, Kelsey se mantuvo firme en su decisión, pues sospechaba que los resultados de la investigación clínica no eran del todo fiables.

Casos de focomelia

Al cabo de poco tiempo, en Alemania se notificaron los primeros casos de niños nacidos con focomelia, una rara malformación de las extremidades. A estas 12 malformaciones, le siguieron 83 en 1960 y 302 en 1961. Casos semejantes fueron reportados en otros países. En Australia, el doctor William McBride descubrió que todas las madres que habían tenido bebés con focomelia habían usado talidomida, y envió un artículo a *The Lancet* para su publicación. La revista rechazó el artículo por considerar que su metodología no era adecuada. Pero los casos de focomelia se sucedían de forma imparable. Finalmente, la empresa Chemie-Grünethal retiró la talidomida del mercado con más o menos prisa en los países donde había sido comercializada. España fue de los últimos lugares, al retirarla en 1963. Pero, según la Asociación de Víctimas de la Talidomida en España, el fármaco podría haberse mantenido en circulación durante cuatro años más, puesto que las farmacias hacían acopio de medicamentos.

La talidomida pasó a la historia como uno de los fármacos que mayor número de víctimas ha provocado en tan poco tiempo. En sólo cuatro años, el fármaco causó graves malformaciones en bebés de todo el mundo. Se calcula que más de 10.000 niños nacieron afectados por esta sustancia. Entre otras anomalías, destacaban el labio leporino, defectos en el pabellón auricular y la microftalmía (malformación ocular). Se calcula que un 40 por ciento de los llamados «niños de la talidomida» murieron durante la primera etapa de su infancia como resultado de graves anomalías internas que afectaban al corazón, los riñones o el tracto gastrointestinal.

Más control

La catástrofe de la talidomida marcó un antes y un después en la legislación y control de los fármacos. En 1962, tras el reconocimiento nacional a la Dra. Kelsey por su bloqueo a la talidomida, el Congreso de los Estados Unidos aprobó la ley de Kefauver-Harris. El texto requería que los medicamentos demostraran efectividad y seguridad antes de ser autorizados para su comercialización. La ley obligaba a realizar estudios clínicos controlados, metodologías adecuadas y ensayos de los fármacos en humanos con el consentimiento informado de los participantes. También se asignó a la FDA la responsabilidad legal de vigilar la publicidad de los medicamentos, de asegurar que la propaganda que los productores presentan a los médicos incluyera tanto los riesgos como los beneficios, de preparar guías de buenas prácticas de manufactura, y de inspeccionar cada dos años a los productores de medicamentos. Todos estos cambios fueron revolucionarios y asentaron las bases para un sistema científico de aprobación de medicamentos.

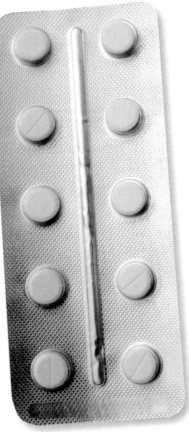

En la actualidad, la talidomida vuelve a venderse por su eficacia en enfermedades como la lepra y en algunos tipos de cáncer como el mieloma múltiple.

El devastador Agente Naranja

ERROR: Ordenar el bombardeo indiscriminado de 80 millones de litros de agente naranja, un devastador herbicida defoliante, sobre la jungla de Vietnam del Sur.

¿Cuándo?
1962-1971.

¿Quién?
Robert McNamara, Secretario de Defensa de los Estados Unidos entre 1961 y 1968, con los presidentes John F. Kennedy y Lyndon B. Johnson.

Consecuencias
Entre 3 y 5 millones de personas fueron expuestas al agente naranja (vietnamitas y norteamericanos). La exposición directa e indirecta a esta sustancia provocó distintos tipos de cánceres, daños hepáticos, enfermedades pulmonares y cardíacas, defectos en la capacidad reproductiva y enfermedades de la piel y nerviosas. Muchos de los descendientes de aquellas personas siguen padeciendo graves deformaciones físicas y todo tipo de enfermedades.

«Nos equivocamos terriblemente en Vietnam.»

In Retrospect (1995), *de Robert McNamara*

Cuando Estados Unidos inició la guerra en Vietnam, no se imaginaba las dolorosas consecuencias que iba a tener. Aquel conflicto se iba complicando cada vez más hasta que Robert McNamara, Secretario de Defensa del Departamento de Defensa americano tomó una terrible decisión. Para hacer frente a las tácticas de guerrilla y al uso de la frondosa selva como refugio de las tropas vietnamitas, aprobó la aplicación de técnicas de modificación ambiental. Aquella medida consistía en realizar bombardeos extensivos y fumigar hasta una décima parte del territorio sudvietnamita con toneladas de herbicidas químicos.

Bajo el código secreto de «Operación Ranch Hand», las fuerzas aéreas estadounidenses rociaron con agente naranja (el nombre procedía del color de los bidones), un poderoso agente químico con propiedades defoliantes, un área de 10 millones de hectáreas de Vietnam del Sur durante casi cuatro años seguidos. El herbicida cubría el territorio fumigado con una tóxica neblina, muy irritante y de olor parecido al ajo.

Robert McNamara, secretario de Defensa en aquel momento, tomó la decisión de poner en marcha mecanismos de modificación ambiental, puesto que la selva se consideraba una trampa mortal para los soldados norteamericanos.

Un poderoso destructor

Las consecuencias ambientales y sobre la salud de las personas fueron terribles. Desde el punto de vista medioambiental, se incrementó la erosión de los suelos, la destrucción de la vegetación y las enfermedades en infinidad de especies animales. Por otra parte, las dioxinas del herbicida mataron a cientos de miles de personas y causaron deformaciones a medio millón de recién nacidos, según el Gobierno de Vietnam.

A mediados de los 60 se creó una gran oposición en la opinión pública norteamericana contra el uso de ar-

**Un avión sobrevuela una
zona tropical** mientras
dispersa un agente defoliante.
En Vietnam, su eficacia es
relativa, debido a que las
abundantes lluvias lavan
la vegetación de forma
constante, pero si una
persona lo respira o absorbe
por la piel puede quedar
seriamente dañada.

mas químicas. En 1967, más de 5.000 científicos de ese
país firmaron una petición al Gobierno para el cese del
uso de herbicidas en Vietnam. En 1969 se hizo público
un informe sobre la elevadísima toxicidad del ácido
2,4,5-triclorofenoxiacético, uno de los principales com-
ponentes del agente naranja. Tanta presión hizo que el
Departamento de Defensa de los Estados Unidos sus-
pendiera su uso en abril de 1970 y finalmente, el 12 de
febrero de 1972, el mando militar en Vietnam anunció
que no se lanzarían más herbicidas sobre la selva desde sus aviones.

Demandas millonarias

En 1979, un grupo de veteranos del Vietnam demandó
a las principales empresas suministradoras del agente
naranja. El caso contra Dow Chemical, Monsanto y Diamond Shamrock no llegó a juicio y terminó en 1984 con
un acuerdo millonario a favor de los soldados demandantes. La cosa no terminó ahí. En 1991, el Congreso
americano aprobó la Ley Pública 102-4 (más conocida
como «Ley del agente naranja»). En ella se estableció

que tanto los veteranos de la guerra del Vietnam como sus familias afectadas por patologías asociadas a la exposición al agente naranja, percibirían compensaciones económicas. La ley debe actualizarse cada dos años. La última actualización de 2006 ofreció claras evidencias que asociaban la exposición de los herbicidas en Vietnam con cuatro tipos de cáncer: leucemia, sarcoma de partes blandas, linfoma no Hodgkin y linfoma de Hodgkin.

Sigue ahí

Pero lo peor sigue en territorio vietnamita. El agente tóxico se mantiene activo y contaminando el agua y el suelo de Vietnam. La firma Canadá Hatfield Consultants analizó la zona costera de la ciudad de Da Nang y descubrió que la contaminación era hasta 400 veces superior a los niveles aceptables. Actualmente, los manglares del delta del río Mekong, uno de los más grandes del mundo, todavía no han recuperado completamente su verdor. Han pasado más de 30 años pero la variedad genética en este ecosistema aún no se ha recuperado del efecto devastador del Agente Naranja.

¡Menuda chiripa!

ERROR: Más que errores, estos investigadores alcanzaron la gloria gracias a una serie de hechos fortuitos o casualidades.

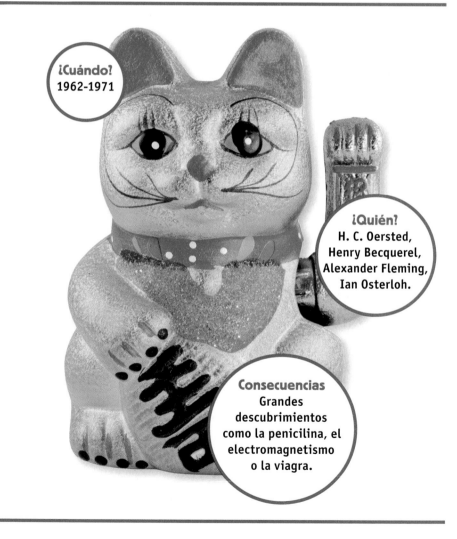

¿Cuándo?
1962-1971

¿Quién?
H. C. Oersted,
Henry Becquerel,
Alexander Fleming,
Ian Osterloh.

Consecuencias
Grandes descubrimientos como la penicilina, el electromagnetismo o la viagra.

«En el campo de la investigación, el azar no favorece más que a los espíritus preparados.»

Louis Pasteur (1822-1895)

Había una vez tres príncipes que vivían en Serendip, en la actual Sri Lanka. Tenían en común el extraordinario don de descubrir cosas accidentalmente y de forma afortunada... En honor a estos personajes de fábula, el escritor inglés Horace Walpole acuñó en 1754 la bella palabra *serendipity* (en castellano, serendipia). Desde entonces, el vocablo se utiliza para referirse a la capacidad de hacer descubrimientos por accidente y casualidad, cuando en realidad se está buscando otra cosa.

El danés Hans Christian Oersted descubrió la existencia de un campo magnético en torno a todo conductor por casualidad. Su hallazgo fue crucial para el desarrollo de la electricidad.

Estamos de acuerdo en que la mayoría de los descubrimientos científicos se caracterizan por un meticuloso proceso formal de investigación. Según el llamado método científico, se establece con antelación y de forma explícita lo que se quiere estudiar, así como los resultados que se esperan obtener. Hasta aquí todo bien. Parece que el azar o la casualidad no tienen cabida en algo tan serio. Pues nada más lejos de la realidad... La historia está plagada de importantes descubrimientos científicos surgidos de forma fortuita o totalmente inesperada. Aquí tienes las serendipias más sonadas:

Electromagnetismo

Una mañana de 1802, el físico danés H. C. Oersted (1777-1851) estaba impartiendo una confe-

rencia en Copenhague sobre la conversión de la electricidad en calor. Accidentalmente, colocó una brújula cerca del hilo conductor de electricidad. Entonces, al conectar la corriente observó que la aguja de la brújula cambiaba de dirección. Posteriores experimentos sirvieron para demostrar que, efectivamente, las cargas eléctricas en movimiento producen efectos magnéticos.

Radiactividad

Corría el año 1896, cuando el físico francés Henry Becquerel (1852-1908) observó que una placa fotográfica envuelta en papel negro que guardaba en un cajón junto a un frasco con sales de uranio, se había ennegrecido como si hubiese quedado impresionada. Así descubrió, de forma totalmente casual, que los núcleos de los átomos de ciertos elementos son capaces de emitir, espontáneamente, radiaciones que provocan su transformación en átomos de otros elementos, al perder o ganar electrones.

Penicilina

Sin duda, el mayor descubrimiento médico casual fue el de la penicilina. El 28 de septiembre de 1928, el bacteriólogo escocés Alexander Fleming (1881-1955) estaba estudiando cultivos bacterianos (estafilococos) en el sótano del laboratorio del Hospital St. Mary de Londres. Recién llegado de vacaciones, Fleming observó que muchos cultivos estaban contaminados y los tiró a una bandeja de desinfectante. Por fortuna, antes de deshacerse del resto de cultivos, recibió la visita de un antiguo colega. Al en-

señarle lo que andaba haciendo, comprobó que en una de las placas contaminadas
se había creado un halo de transparencia.
¡Eureka! Eso indicaba destrucción celular
y la primera impresión fue que se trataba
de una sustancia procedente del moho
contaminante. Sin dudarlo ni un segundo, aisló y cultivó el hongo en otra placa.
Comprobó que pertenecía al genus *Penicillium* y lo bautizó como *Penicillium Nota-
tum*. Al principio, la comunidad científica creyó que la penicilina sólo sería útil
para tratar infecciones banales y no le
prestó atención.

Pero, al estallar la segunda guerra
mundial, el antibiótico atrajo a los investigadores norteamericanos, que querían
emular a la medicina militar alemana, po-
seedora de las sulfamidas. Los químicos
Ernst B. Chain y Howard W. Florey desa-
rrollaron un método de purificación de la penicilina que
permitió su síntesis y distribución comercial.

En un gesto de absoluta generosidad, Fleming no pa-
tentó su descubrimiento, creyendo que así sería más fácil la difusión de un antibiótico necesario para el tratamiento de las numerosas infecciones que azotaban a la
población. Su descubrimiento cambió la historia de la medicina, abriendo las puertas a la revolución antibiótica.

La penicilina ha sido crucial para el desarrollo de es-
pecialidades médicas como la hematología o la cirugía,
así como para el impulso de las unidades de cuidados in-
tensivos. Una de las grandes consecuencias de este descubrimiento, aparte de su función terapéutica, fue generar una masiva investigación global de microorganismos
productores de antibióticos que todavía continúa.

**Barcelona a sir Alexander
Fleming**, monumento
dedicado al descubridor de
la penicilina. Se halla en
la plaza de los Jardines del
Doctor Fleming de la ciudad
condal.

Staphylococcus aureus, **bacteria causante de numerosas enfermedades** como la neumonía, que provocó numerosas muertes hasta el descubrimiento de la penicilina. Con el tiempo ha ido desarrollando resistencia a los antibióticos convencionales y se han ido creando otros más eficaces.

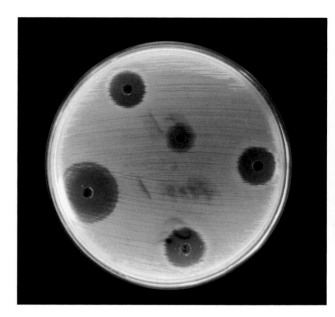

Por su aportación a la ciencia y la medicina, Alexander Fleming recibió en 1944 el título de «sir». Un año más tarde, le entregaron el premio Nobel de Medicina junto a los químicos Florey y Chain por sus contribuciones al desarrollo de la penicilina.

La famosa pastilla azul, la panacea de la tercera edad que todavía desea tener una vida activa.

Viagra

Una de las más recientes serendipias. En 1995, un grupo de químicos farmacéuticos de la empresa Pfizer, dirigidos por Ian Osterloh, trabajaba con un fármaco llamado sildenafilo. Inicialmente se pretendía lanzarlo al mercado como medicamento para la hipertensión arterial y la angina de pecho. Durante los estudios previos realizados comprobaron que la sustancia tenía un ligero efecto en la angina, pero que lo que realmente inducía eran notables erecciones del pene. El rumbo de la investigación cambió inesperadamente y tres años después, la Agencia Estadounidense del Medicamento (FDA) aprobó la famosa viagra, una pastillita de color azul que ha mejorado las relaciones sexuales de millones de hombres, y de sus respectivas parejas.

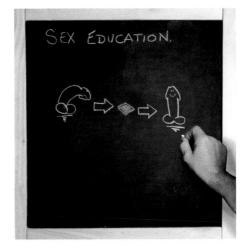

Otra cosa es el llamado viagra femenino, una invención en pos de un fabuloso negocio, pero nada casual. La viagra rosa más famosa estaba formada de un aminoácido, aloe vera y mentol, y, aunque tenga sus efectos fisiológicos, el cuadro de mando del avión femenino no se enciende.

Vamos a pescar, a ver si pillamos unos rayos gamma

La lista de descubrimientos hechos por casualidad es muy larga, pero claro, hay que saber aprovechar la ocasión, pues cualquiera no relaciona la caída de una manzana con la ley de la gravedad. También hay que estar buscando una explicación o un descubrimiento paralelo. Por ejemplo, en el ámbito jurídico llaman «ir de pesca» a enviar a un grupo de investigadores al lugar de un delito para intentar encontrar alguna prueba que, por casualidad o porque fuera inesperada, demuestre algo que se esperaba o que no se esperaba. Hace falta preparación y estar en el lugar adecuado. Y en esos casos uno puede no sólo descubrir el coñac, el caucho vulcanizado, los edulcorantes, los rayos X, la penicilina, el microondas, el blandi-blu o el LSD, como enumera una famosa lista, también se pueden descubrir los estallidos de rayos gamma, la radiación de fondo de microondas (que, aunque del mismo tipo, no sirve para calentar los precocinados) o quién sabe si, por casualidad, vida extraterrestre.

¡ES LA GUERRA!

El general supersticioso

ERROR: Retrasar la retirada del ejército
por coincidir con un eclipse lunar,
al considerarlo un signo de mal agüero.

¿Quién?
Nicias, general
y estadista
ateniense
(470-413 a.C.).

¿Cuándo?
413 a.C.

Consecuencias
Más de 50.000
atenienses perdieron
la vida al intentar cruzar
desesperadamente el cerco
de los espartanos en el
puerto siciliano de
Siracusa.

Hacia el siglo V a.C., Grecia era un imperio extraordina-
riamente rico en pensamiento, política, arte y ciencia.
Los dos centros de poder se situaban en Atenas y Esparta. La primera se había convertido en una gran potencia
marítima y bajo el mando de Pericles aspiraba a la hege-
monía de todos los pueblos griegos. En Esparta no estaban por la labor. Su sistema político oligárquico chocaba
con el estilo democrático de los atenienses. Poco a poco,
los intereses políticos y comerciales de ambas potencias
se fueron distanciando, y esto se materializó en la cons-
titución de dos organizaciones. Por una parte, los ciudadanos atenienses se agruparon con los habitantes de las
islas del mar Egeo y los griegos de las costas de Asia Menor para crear la Confederación de Delos. Los de Esparta
se rebotaron y crearon la Liga del Peloponeso, una alianza de poderosos estados, como Corinto y Elis. Y claro, tantos gallos en el mismo gallinero acabó provocando la famosa Guerra del Peloponeso. El conflicto duró 27 años
(431 a.C.-404 a.C.), con alguna tregua de por medio.

La toma de Siracusa

El capítulo que aquí nos interesa sucedió concretamente
hacia la mitad de la guerra. Corría el año 415 a.C. cuando las fuerzas atenienses enviaron una inmensa fuerza
expedicionaria (100 navíos y 5.000 soldados) para atacar
la ciudad siciliana de Siracusa, en guerra con uno de sus
aliados (Segesta).

Los sicilianos eran dorios (igual que sus enemigos espartanos), mientras que los atenienses y los de Segesta
eran jonios. Idealismos aparte, los atenienses, liderados
primero por Alcibíades y más adelante por Nicias, soña-
ban con la conquista de toda Sicilia. Siracusa, la ciudad
principal de la isla, no era mucho más pequeña que Atenas, y conquistarla llevaría una inmensa cantidad de recursos.

Alcibíades era el mejor
general ateniense, pero la
dirección del ataque, en
manos de Nicias, se convirtió
en un desastre.

Pero en mal momento se les ocurrió ir para allá. Como relata Tucídides en su *Historia de la Guerra del Peloponeso*: «Los generales atenienses que condujeron la campaña tenían un conocimiento insuficiente de Sicilia o de su población y por lo tanto, las fuerzas para su conquista eran deplorablemente inadecuadas».

Tras el desembarco y la primera batalla, los atenienses comprobaron que aquello no iba a ser coser y cantar. Los siracusanos resistían bien los ataques del invasor, y en esos trances llegó el invierno. El ejército de Atenas prefirió retirarse a Catania y mientras, los de Siracusa aprovecharon para entrenar a su infantería pesada y pedir ayuda a los espartanos. Por su parte, los atenienses solicitaron apoyo a los cartagineses y a los etruscos.

La cosa se complicaba. Ambos bandos empezaron a construir una serie de muros estratégicos. El ateniense, de circunvalación, conocido como el «círculo», para aislar Siracusa del resto de la isla, mientras que los siracusanos levantaron contramuros a varios de sus fuertes. Los atenienses fueron más listos y cercaron completamente la ciudad por tierra y mar. La situación de los siracusanos era tan desesperada, que pensaron iniciar negociaciones con Nicias y sustituyeron a sus generales. Pero poco a poco iban llegando los refuerzos solicitados. El primero fue el general espartano Gilipo, al frente de un numeroso ejército. Una vez en Italia, montó un ejército con la ayuda de varias ciudades sicilianas y acudió al rescate de Siracusa. Tras una serie de batallas, el espartano derrotó a las fuerzas atenienses y evitó que invadieran la ciudad.

Pallas Atenea no ayudó mucho a los atenienses esta vez. Seguros de su poder, se habían embarcado en una guerra demasiado costosa y, para la época, demasiado lejana. Para colmo, no estaban bien dirigidos, y Esparta acudió al rescate de Siracusa.

Por culpa de una superstición

En julio de 413 a.C. llegaron los atenienses Demóstenes y Eurimedonte a bordo de 73 trirremes y una compañía de ¡15.000! hombres. Al llegar al campamento se encontraron un panorama dantesco. Ubicados cerca de un pantano, muchos soldados habían enfermado, incluyendo a su general Nicias. Visto el panorama, Demóstenes asumió la dirección del ejército y se sucedieron unas cuantas batallas más. La poderosa Atenas se había metido en un buen berenjenal. No podían con la pequeña Siracusa y finalmente decidieron levantar el cerco y volver a casa. ¡Ni pensarlo! dijo el orgulloso Nicias, temeroso del ridículo que pasaría al regresar derrotado a Atenas. Al final, lograron convencerlo de que lo mejor era largarse de ahí antes de que el tema se pusiera más feo. Ya estaban a punto de irse cuando al general Nicias le entró un ataque de absurda superstición. La noche de la partida coincidió con un eclipse lunar. Aquello era de muy mal agüero y Nicias decidió aplazar la retirada de su ejército «las tres veces nueve días» que prescribían los adivinos. Durante ese tiempo, los espartanos tuvieron tiempo suficiente para bloquear del todo el puerto de Siracusa.

En una decisión a la desesperada, el 10 de septiembre de 413 a.C. los atenienses zarparon en línea recta hacia la salida del puerto. La batalla fue caótica, por lo reducido del espacio y la cantidad de naves. La victoria siracusana fue aplastante y en la acción murieron miles de atenienses por culpa de una simple superstición. Nicias y Demóstenes fueron apresados y ejecutados sin juicio previo. Cerca de 7.000 prisioneros, condenados a trabajos forzados, murieron a causa del hambre o de enfermedades apenas 70 días después.

Esta histórica derrota fue el principio del fin de la poderosa Atenas. Al terminar la Guerra del Peloponeso, el mapa de la Antigua Grecia cambió por completo. Atenas, la principal ciudad antes de la guerra, fue reducida prácticamente a un estado de sometimiento. Y por el contrario, Esparta se convirtió en la *polis* más poderosa de toda Grecia.

Los soldados atenienses competían con los espartanos en fuerza y habilidad. Siracusa, fundada por los griegos en el año 734 a.C., sirvió una vez más para que ambas potencias midieran sus fuerzas. Mientras los atenienses trataban de apoderarse de ella, los espartanos aprovechaban la ocasión para debilitar a su rival.

La marcha de Rusia

ERROR: Desplazar 600.000 soldados con la intención de conquistar Rusia sin tener en cuenta las duras condiciones del territorio y menospreciando al enemigo.

¿Quién? Napoleón I Bonaparte (1769-1821).

¿Cuándo? otoño-invierno 1812.

Consecuencias

El empeño de Napoleón costó la vida a 400.000 hombres, unos 200.000 franceses y otros tantos rusos. Además, hubo más de 150.000 prisioneros franceses y 130.000 desertores del mismo bando.

«Sólo una buena batalla puede asegurar la paz.»

Napoleón I Bonaparte

A principios del siglo XX había dos grandes imperios en Europa: el de Napoleón Bonaparte en Occidente y el del zar Alejandro I en Oriente. Ambos se miraban recelosos de su poder, hasta que todo saltó en pedazos. Y es que las fricciones entre ambas potencias ya venían de lejos, como el bloqueo continental que estaba arruinando a Rusia o la amenazante amistad francoaustriaca. Pero lo que realmente hizo estallar el conflicto fue el gran ducado francés en Varsovia, considerado por Alejandro I una amenaza debido a su proximidad.

Napoleón reclutó un inmenso ejército para invadir Rusia, que en su momento álgido estaba formado por 600.000 hombres. Demasiado grande para alimentarlo, sobre todo teniendo en cuenta la política rusa de tierra quemada, que consistía en retirarse destruyendo toda posible fuente de alimentos y refugio.

Más difícil todavía

Todo empezó el 8 de abril de 1812, cuando el zar conminó a Napoleón a que retirase todas sus tropas a la orilla izquierda del Elba. Pero éste, lejos de hacerle caso, preparó un formidable ejército que atravesó el río Niemen a finales de junio.

Conocido como *La Grande Armée*, el ejército napoleónico contaba con cerca de 600.000 soldados, la mayoría de ellos franceses, belgas y holandeses. Con semejante fuerza armada, Napoleón se animó al más difícil todavía, invadir la Rusia de los zares. Así que, en mayo de 1812, el mayor ejército jamás formado en la historia europea hasta ese momento emprendió la marcha hacia Moscú. Allí por donde pasaba era agasajado servilmente: el rey de Sajonia, el de Prusia y el emperador de Austria permanecieron descubiertos en presencia de Napoleón mientras que sólo el conquistador galo se mantuvo con el bicornio puesto.

El coloso napoleónico no encontraba resistencia alguna a su incisivo avance. Las tropas francesas eran muy superiores a las rusas en número y maquinaria militar. El emperador estaba convencidísimo del éxito de la campaña. Menospreciaba a las fuerzas rusas y sus generales. Napoleón ocupó Vilno y poco después Vitebsk, pero su principal objetivo era provocar un enfrentamiento abierto.

Llega el General Invierno

Para desesperación del emperador, el ejército ruso evitaba continuamente al enemigo. Los generales rusos sabían que era imposible derrotar al ejército de Napoleón en combate a campo abierto. Una y otra vez, las tropas rusas se retiraban, lo que obligó a *La Grande Armée* a adentrarse profundamente en territorio ruso. Pasaron los días, las semanas y los meses con este interminable juego del gato y el ratón. Y claro, finalmente llegó el «General Invierno» amenazando al gigantesco ejército napoleónico de quedarse sin avituallamiento.

El tiempo jugaba en su contra y las tropas se debilitaban por momentos. Harto de no entrar en batalla, Napoleón dirigió a los suyos directamente hacia Moscú con la esperanza de presionar al zar Alejandro I. Nada más entrar en la capital rusa, los franceses descubrieron la trampa: acababan de conquistar una ciudad desierta, abandonada y completamente arrasada por sus habitantes. Moscú, una ciudad constituida principalmente por edificios de madera, había sido quemada por completo, privando de forma efectiva a los franceses de la posibilidad de abrigarse y avituallarse en la ciudad. Las tropas napoleónicas

En un Moscú destruido y con serios problemas logísticos, Napoleón no tuvo más remedio que retirarse, pero el general invierno atrapó a sus tropas. La mitad de sus perdidas, unos cien mil hombres, lo fueron por el frío.

estaban completamente aisladas en una ciudad reducida a cenizas. Sus posibles vías de abastecimiento hacia el oeste podían ser perfectamente cortadas por un ejército ruso casi intacto.

Una amarga (y fría) retirada

Tragándose su propio orgullo, Napoleón ordenó la retirada el 19 de octubre de 1812, en una de las debacles militares más célebres de la historia. Durante su penosa marcha de regreso, el ejército francés sufrió el constante ataque de la caballería de los cosacos rusos, así como las emboscadas de los campesinos. El suministro al ejército se hizo cada vez más dificultoso y las deserciones aumentaban, mientras soldados y caballos comenzaban a morir de hambre, congelación y cansancio durante la marcha.

Recientemente, se ha descubierto que otro gran enemigo acabó con la vida de miles de soldados. El Centro Nacional de Investigación Científica, con sede en Marsella, Francia, analizó en 1995 el ADN de 72 piezas dentales extraídas de 35 esqueletos retirados de una tumba militar masiva cerca de Vilnius, en lo que hoy es Lituania. Tras los análisis pertinentes, descubrieron que las condiciones insalubres de la retirada napoleónica (sin alimentos, sin caballos, con frío…) favorecieron una infección masiva causada por infinidad de pulgas y piojos. La fiebre tifoidea y la llamada fiebre de las trincheras no tardaron en aparecer, diezmando cruelmente las tropas del emperador.

De los 600.000 soldados que Napoleón hizo marchar hacia Rusia, sólo 200.000 hombres hambrientos, abatidos y enfermos regresaron con vida.

La humillante derrota napoleónica en Rusia frenó la ambición del emperador francés por dominar todo el continente europeo. También supuso el primer exilio de Napoleón a la isla atlántica de Santa Helena.

Napoleón no se inmutó. Ni cuando fue atrapado y enviado a la isla de Santa Helena, de la que se escaparía para formar un nuevo ejército y anotarse otros cien mil cadáveres.

La batalla de Waterloo

ERROR: Fallos tácticos cometidos por el mariscal Ney y la tardanza en llegar de las tropas de refuerzo del general Grouchy provocaron otra estrepitosa derrota de Napoleón a manos de británicos y prusianos.

¿Cuándo?
18 de junio de 1815.

¿Quién?
Napoleón I Bonaparte, emperador de Francia (1769-1821).

Consecuencias
La derrota francesa (40.000 soldados muertos en el campo de batalla) significó la abdicación de Napoleón, la restauración monárquica con Luis XVII y la modificación de las fronteras territoriales europeas.

Tras la debacle francesa en Rusia, Napoleón se moría de aburrimiento en su exilio forzoso de la isla de Elba. Paseos por el campo, cartografía, buena comida, la vida de una villa portuaria que estaba muy orgullosa de acoger al gran general. El primer error de los ingleses fue la laxitud con que lo vigilaron; apenas un alto oficial británico de cierta edad que dormía en una cámara contigua del caserón donde se albergaba, y Napoleón tenía el mando de la guardia. No tardó en hacer de las suyas, y una vez que se hartó de esa vida contemplativa, el 26 de febrero de 1815 se largó en un pequeño velero mercante y a la semana ya estaba dando guerra en París. Allí recibió de nuevo el apoyo incondicional de su pueblo; se puede decir que tomó de nuevo Francia sin disparar un solo tiro, ya que acudieron a él todos los oficiales de su ejército (*La Grande Armée*). Napoleón

creó el llamado Imperio de los Cien Días y no tardó en buscar pelea.

Napoleón I en el trono imperial, Ingres, 1806. El emperador se hizo famoso por su genio militar, su actividad incesante que le llevó a una campaña tras otra y su genio militar, que no evitó la pérdida de numerosas vidas humanas.

Por aquel entonces, la nueva coalición formada por Austria, Rusia, Gran Bretaña y Prusia empezaba a desplegarse en los Países Bajos. A Napoleón no le gustaban estos socios y partió al mando de 125.000 hombres rumbo a Bruselas dispuesto a recuperar los territorios perdidos. Allí lo esperaban, para impedir su paso, los ingleses, comandados por el duque de Wellington, y los prusianos, al mando del general von Blücher. Napoleón no estaba muy en forma, todo hay que decirlo. Tenía unas hemorroides de campeonato, que le impedían permanecer mucho tiempo sobre el caballo.

Arthur Wellesley, primer duque de Wellington, aquí retratado por Goya, recibió también el título de Grande España, pues no sólo derrotó a los franceses en Waterloo, sino que antes estuvo destinado en la Península Ibérica, donde aprovechó la retirada de los franceses, que acudían a la campaña rusa, para expulsarlos de España definitivamente.

La derrota de Waterloo

El 15 de octubre de 1815, las tropas francesas estaban dispuestas en las posiciones asignadas para el ataque. Al frente de unos 60.000 soldados, Napoleón se enfrentó a las fuerzas de Blücher, y le obligaron a replegarse hacia Wavre tras la batalla de Ligny. Por su parte, el lugarteniente francés Ney partió hacia Bruselas y, en el camino, se enfrentó a las tropas de Wellington en la batalla de Quatre Bas.

Las fuerzas aliadas lo estaban pasando mal y Wellington decidió retirar su ejército hacia Waterloo, seguido por el ala izquierda del ejército francés comandado por el mariscal Ney. Hacia allí se dirigió también Napoleón, dispuesto a aplastar definitivamente a los ingleses.

A las 11:30 de la mañana (a Napoleón no le gustaba madrugar...) del 18 de junio de 1815, se inició la batalla final en una paraje cercano a Waterloo, en la actual Bélgica. Por una parte, 70.000 soldados franceses. Por otra, 140.000 soldados aliados (ingleses y prusianos). Consciente de su debilidad en cuanto a número de soldados, Napoleón intentó distraer a las tropas prusianas descargando su artillería contra el castillo fortificado de Hougomount, con el objetivo de desarmar sus posiciones. Pero Wellington adivinó sus intenciones y atacó frontalmente a las tropas napoleónicas.

Hacia la 1 del mediodía, las tropas prusianas de Blücher se acercaron por el este, entraron en batalla tres horas más tarde y obligaron a los franceses a retroceder. Pasadas las 6 de la tarde, las tropas francesas de Ney avanzaron hasta el centro de las fuerzas de Wellington, pero fueron rechazadas. Los franceses lanzaron una ofensiva general, pero poco a poco fueron debilitándose, hasta que los soldados prusianos ocultos en la retaguardia atacaron duramente e inclinaron la balanza. La batalla terminó a las 9 de la noche, cuando Wellington y Blücher se encontraron en la Belle Alliance, el que había sido cuartel de Napoleón.

Casi un mes después, el 15 de julio de 1815, las autoridades británicas aceptaron la rendición de Napoleón Bonaparte. El emperador fue nuevamente exiliado a la isla de Santa Helena, donde murió seis años después.

Ataque prusiano en Waterloo, de Adolf Northern, 1864. La acción transcurre en Plancenoit, con los primeros batallones del 2° de Granaderos y el 2° de Cazadores.

Grabado inglés de 1814 que muestra a Napoleón exiliado en Elba, de donde escaparía en 1815, a pesar de la imagen cómica del héroe desvalido, para volver a organizar la guerra.

Una de indios

ERROR: Subestimar a los indios y pensar que un simple regimiento podría derrotar a un ejército mucho más numeroso sin necesidad de refuerzos y en un terreno desconocido.

¿Quién?
Coronel George Armstrong Custer (1839-1876) al frente del Séptimo Regimiento de Caballería del Ejército de los Estados Unidos.

¿Cuándo?
25 de junio de 1876.

Consecuencias
Sus innumerables errores tácticos provocaron la muerte en poco menos de una hora de los 268 hombres de su compañía (incluido Custer) en la famosa batalla de Little Big Horn.

«Puedo eliminar a cualquier pueblo indio de las llanuras.»

Teniente coronel
George Armstrong Custer

La historia del teniente Coronel Custer puede contarse a partir de sus amigos o de sus detractores, según se mire... Para los primeros, fue un soldado heroico y valiente que dio la vida por su país. Para sus críticos, un militar orgulloso y peligroso buscaglorias que acabó con la vida de todo su regimiento. Lo mejor será remitirse a los hechos.

Una vez acabada la Guerra de la Independencia en 1787, muchos estadounidenses cogieron los bártulos y empezaron a desplazarse hacia las tierras del Oeste con intención de colonizarlas. Pero por allí andaban los indios, poco dispuestos a compartir tierra y recursos con los rostros pálidos. Condenados a no entenderse, el llamado «problema indio» tenía dos únicas salidas: «domesticar» a los nativos y convertirlos en granjeros, o alejarlos de las llanuras y encerrarlos en unas cuantas reservas.

Y claro, con semejantes alternativas, los indios se negaron a pasar por el aro. Ellos habían llegado antes y no estaban dispuestos a abandonar la tierra de sus ancestros. Todo indicaba que la guerra iba a ser la única forma de desencallar el tema. Tampoco ayudaba el espíritu guerrero de dos jefes sioux, Toro Sentado (1831-1890) y Caballo Loco (1840-1877), que no dudaban en atacar a cualquier colono que osaba adentrarse en sus territorios.

George Armstrong Custer fue un gran líder para sus hombres, aunque su error de apreciación en la batalla de Little Big Horn restó bastantes enteros a su imagen histórica.

Oro en las colinas

La tensión iba a más. Incluso llegaron a suspenderse las obras del ferrocarril Northern Pacific por los constantes asaltos que sufrían los operarios. Así estaba la cosa cuando empezó a correr el rumor de que había oro en las Colinas Negras de Dakota. ¡Qué casualidad! Justo en aquellas montañas consideradas sagradas por los sioux y prohibidas a cualquier persona de raza no india. En 1874, el gobierno decidió investigar si realmente era cierto ese rumor. El encargado de ir para allá fue el Teniente Coronel Custer al frente del Séptimo de Caballería. De forma incomprensible, como más tarde se demostró, Custer mandó un informe corroborando la existencia de oro hasta «en las raíces de las hierbas». Claro, automáticamente aquello provocó una imparable fiebre buscadora hacia el territorio sagrado. Las colinas se inundaron de gente, mientras que desde los despachos de Washington repartían alegremente concesiones a diestro y siniestro. ¡Aquello ya era demasiado! Las diferentes tribus de las praderas se reunieron y formaron una alianza inspirada por Toro Sentado y dirigida por Caballo Loco. A partir de entonces, los ataques a los intrusos se sucedieron a diario. Primero contra los colonos y más adelante contra los soldados que intentaban defenderlos.

La respuesta del gobierno fue contundente pero ingenua. A finales de 1875, amenazó con castigar severamente a cualquier indio que fuese capturado fuera de las reservas. El propio Ulysses Grant, presidente de los Estados Unidos, fue quien dictó el ultimátum: «Si no hacen caso o se niegan a irse, se dará cuenta de ellos en el departamento de guerra como indios hostiles y se enviará a las fuerzas militares para obligarles a obedecer las órdenes de la Agencia India».

Los indios ya estaban en pie de guerra y recibieron con sorna el aviso de los blancos. Finalmente, el gobierno movió ficha y mandó a territorio indio una expedición

El presidente Ulysses Grant respondió a las demandas de su pueblo. Los indios tenían que ser dominados, ya que atacaban a ciudadanos estadounidenses, aunque fueran buscadores de oro y estuvieran dentro de territorio sagrado y en la reserva.

comandada por el General George Crook. La idea era destruir las fuerzas de Caballo Loco. Pero el frío y un mal planteamiento táctico hicieron fracasar la misión.

10.000 indios cabreados

En mayo de 1876, partió un nuevo ejército decidido a someter a los indios de una vez por todas. Estaba formado por tres columnas: la primera compuesta por 1.200 soldados y dirigida por el general George Crook avanzaría desde el norte; la segunda, al mando del coronel John Gibbon y con 400 hombres se desplazaría desde el este; y la tercera dirigida por el general Alfred Terry y unos 1.300 soldados atacaría por el sur. En esta última columna participaban los hombres del Séptimo de Caballería, comandados por el famoso teniente coronel Custer.

Al otro lado, Toro Sentado había logrado convocar a la mayor fuerza india jamás reunida en Norteamérica. Un gran campamento formado por más de 10.000 indios (preferentemente sioux y cheyenne) ocupaba una extensa área a orillas del río Little Big Horn (en la actual Montana). El mensaje de este carismático jefe sioux se había propagado como la pólvora. Allí estaba Pies de Cuervo, el poderoso e influyente jefe de los pies negros, junto a otros grandes jefes indios como Gall, Lluvia en el Rostro, Dos Lunas y Caballo Rojo.

Toro Sentado y Buffalo Bill en 1885, dos figuras legendarias del Oeste americano. Toro Sentado dirigió las fuerzas indias, formadas por miles de guerreros sioux y cheyennes contra el Séptimo de Caballería.

Los indios obtuvieron su primera victoria durante la mañana del 17 de junio de 1876. Caballo Loco y los suyos atacaron por sorpresa el campamento del General Crook cerca de Rosebud. La batalla duró seis horas y frenó el avance del ejército por el norte. Su regimiento quedó frag-

mentado y sus hombres fueron derrotados antes de que pudieran volver a unirse.

Por su parte, el General Terry, en espera de Gibbon, ordenó adelantarse a Custer con su caballería hacia el río y el valle de Little Big Horn, donde se concentraban los indios. Sus órdenes eran esperar allí a las tropas de infantería que viajaban con Terry para rodear a los indios y derrotarlos.

Una decisión equivocada

Custer era un tipo ambicioso y aquella era una oportunidad perfecta para alcanzar la gloria y el reconocimiento de las masas. Así que desoyó las órdenes y nada más avistar el campamento indio se dispuso a atacarlo. A las doce y cinco del domingo 25 de junio de 1876, el teniente coronel dividió a su ejército en tres columnas. El mayor Marcus Reno, con 131 hombres, debía seguir los movimientos de Custer; el capitán Frederick Benteen en el sudoeste y Custer con cinco compañías siguieron una línea de colinas que conducía hasta el confín del poblado indio. Esa decisión equivocada costaría muchas vidas.

El primero en atacar fue Reno, pero los indios resistieron y contraatacaron obligándolos a batirse en retirada. Fue entonces cuando un impaciente Custer decidió lanzarse al ataque por su propia cuenta. Dirigió sus cinco compañías (268 hombres) hacia el extremo norte del campamento, desde donde planeaba atacar a los indios. El teniente coronel confiaba en el apoyo de los hombres de Reno (ya derrotados y huyendo en desbandada). Pero poco a poco fueron completamente rodeados por miles de indios y todo acabó muy rápido. Lo accidentado del terreno obligó a los soldados de Custer a poner pie a tierra y luchar cuerpo a cuerpo. La suerte ya estaba echada. Los guerreros de Gall y Caballo Loco fueron estrechando el cerco y, en poco menos de una hora, todos los integrantes del Séptimo de Caballería yacían muertos.

Tres días después, la columna del general Terry se encontró con un panorama dantesco. La mayoría de los cuerpos habían sido despojados de sus vestimentas y cabelleras. El cadáver de Custer, (al que los indios llamaban *Hi-Es-Tzie*, que significa «el de los cabellos largos») fue encontrado en una pequeña elevación del terreno con dos disparos (uno en la sien y otro en el pecho) y los oídos taladrados (según la creencia india: para que una vez muerto no pudiese escuchar nada del otro mundo).

El gran campamento indio se dispersó rápidamente. Tiempo después de la matanza, el jefe Caballo Loco fue asesinado a bayonetazos y Toro Sentado se refugió en Canadá, donde su tribu desapareció casi por completo.

Durante años, los indios de Norteamérica fueron perseguidos y prácticamente aniquilados. Hasta 1924, el gobierno no reconoció sus derechos como ciudadanos norteamericanos.

George Armstrong Custer y Elizabeth Bacon Custer, en 1864, año de su matrimonio. El padre de ella, juez, no aprobaba la unión, porque Custer era hijo de un herrero.

La culpa fue de...

En la actualidad, muchos historiadores siguen analizando la cadena de errores que provocaron la matanza de Little Big Horn. El error del General Reno a la hora de presionar desde el sur del campamento, la división del ejército el mismo día del combate... El único hecho indiscutible es que las decisiones tácticas de Custer provocaron la muerte de todos sus hombres en una matanza sin precedentes.

Gallípoli, el peor desembarco de la historia

ERROR: Una serie de pésimas decisiones tácticas diluyeron el efecto sorpresa del desembarco y los soldados se vieron atrapados durante meses a expensas de las tropas turcas.

¿Quién?
Winston Churchill (1874-1965), Primer Lord del Almirantazgo británico por aquel entonces (equivalente a Jefe de Estado Mayor de la Armada).

¿Cuándo?
Del 25 de abril de 1915 al 9 de enero de 1916.

Consecuencias
La torpeza del desembarco aliado provocó la muerte de 25.000 ingleses, 10.000 franceses, 7.300 australianos, 2.400 neozelandeses y 1.700 hindúes. El ejército turco registró 100.000 muertos y más de 150.000 heridos.

Aceptamos que el desembarco en una costa hostil es una de las operaciones militares más complejas y arriesgadas que hay. Pero lo del ejército aliado en Gallípoli durante la primera guerra mundial fue un desastre bélico difícil de superar. La cosa fue así:

En febrero de 1915, la llamada Gran Guerra había entrado en un callejón sin salida. Lo que parecía que iba a ser un conflicto corto se estaba enquistando de mala manera. La guerra de trincheras mantenía inmovilizados, padeciendo hambre y frío, a miles de soldados en ambos mandos. Había una situación de «empate técnico» difícil de resolver. En la parte occidental, los ejércitos aliados de Francia y Gran Bretaña mantenían a raya a las fuerzas de los imperios centrales (Alemania, Austria-Hungría, Turquía y Bulgaria). Por el lado oriental, la aliada Rusia hacía lo mismo, aunque sus ataques a la débil Turquía no estaban surtiendo efecto. Aquello había que desencallarlo de alguna manera.

Un joven Churchill en 1900, 16 años antes del desastre de Gallípoli. Aunque la verdad no la sabremos nunca, algunos historiadores vieron en la derrota una maniobra de distracción de las tropas aliadas.

A por los turcos

A propuesta de Winston Churchill, los británicos idearon atacar a los turcos con el fin de estrechar el cerco a los imperios centrales y de paso abrir una vía de acceso a las tropas rusas por el mar Negro, cerrado hasta entonces por los turcos. El plan consistía en desembarcar en la península otomana de Gallípoli para proceder al avance hacia Estambul, dejando atrás el fuego turco e incluso atacándolo por la retaguardia, para facilitar ulteriores pasos de su escuadra por el estrecho. A todos les pareció un excelente plan excepto a un visionario almirante inglés, John Fischer, que presentó su dimisión antes de participar en una misión condenada al fracaso. ¡Y cuánta razón tenía! Pero nadie le hizo caso y la madrugada del 25 de abril de 1915, un combinado de fuerzas australoneozelandesas desembarcó en la parte occidental de la península de Gallípoli.

Por la oscuridad o por la simple incompetencia, el caso fue que aparecieron en la estrecha playa que después se ha llamado Anzac Cove, limitada por una dura orografía, que hacía muy difícil el movimiento hacia el interior. Allí tuvieron que refugiarse durante meses en cuevas y trincheras intentando repeler como podían los duros ataques del ejército turco. ¿Y por dónde andaban los ingleses y los franceses? A unos 20 kilómetros de allí, en el Cabo Helles, y no mucho mejor que sus colegas australianos. Atrapados entre el mar y las colinas en poder de los otomanos comandados por el general alemán Liman von Sanders, ambos ejércitos fracasaron en las sucesivas ofensivas. Hasta 15 divisiones llegaron a ser desembarcadas y duramente repelidas por las ametralladoras turcas. El esperado efecto sorpresa se fue diluyendo y hasta el fin de su evacuación en

Fusileros de Lancashire en mayo de 1925 en un barco camino del desastre. La falta de sorpresa hizo que encontraran una fuerte resistencia por parte de los otomanos. El resultado fue medio millón de bajas entre los dos bandos.

enero de 1916, los soldados aliados fueron cayendo como moscas por culpa de una larga serie de pésimas decisiones tácticas.

Un **MK I británico BL de 60 libras** en acción en un acantilado del cabo Helles, en Gallípoli, en junio de 1915.

Gran parte del fracaso aliado fue provocado por el general turco Mustafá Kemal (conocido posteriormente como Atatürk y que a la postre sería el primer presidente de la República de Turquía). Al frente de la 19ª División, tuvo una destacada actuación en las batallas de marzo y agosto de 1915, defendiendo la zona contra el desembarco aliado de tropas inglesas, francesas y australianas.

Esta sangrienta batalla, inspiró la película *Gallipoli*, protagonizada en 1981 por Mel Gibson y en la que se destaca la dureza del enfrentamiento y el compañerismo entre los soldados australianos. También se sugiere que la derrota pudo haber sido buscada para que el mayor número de tropas otomanas se concentraran en este lugar.

El síndrome Gallípoli

El estrepitoso fracaso de la operación provocó la dimisión de su principal promotor, Winston Churchill. También generó el llamado «síndrome Gallípoli» o la futura reticencia a desembarcar en playas controladas por el enemigo.

¿No pasarán?

ERROR: Estar convencido de que la vieja Línea Maginot, construida a lo largo de su frontera con Alemania e Italia al final de la primera guerra mundial, aguantaría los ataques de las divisiones blindadas del ejército alemán.

¡Cuándo?
Del 10 de mayo al 25 de junio de 1940.

¡Quién?
Comandante Supremo del Ejército Francés, Maurice G. Gamelin (1872-1958).

Consecuencias
La victoria de los ejércitos del Eje y la consecuente capitulación del gobierno francés.

«Cuando se inicia y desencadena una guerra, lo que importa no es tener la razón, sino conseguir la victoria.»

Adolf Hitler, 22 de agosto de 1939

Tras la experiencia de la primera guerra mundial, los franceses no estaban dispuestos a sufrir más ataques de sus belicosos vecinos alemanes e italianos. Así que se pusieron en plan ejército romano (otro muro inútil, el de Adriano) y levantaron una monumental línea de defensa a lo largo de la frontera que delimitaba con dichos países. Proyectada por el Ministro de Defensa galo André Maginot (de ahí su nombre), esta especie de muralla china a la francesa tenía una longitud de aproximadamente 400 kilómetros. Con más de 100 fuertes principales situados a 15 km de distancia entre sí y multitud de pequeños fortines, aquella fortaleza parecía inexpugnable. Salvo por un pequeño fallo de apreciación: construida desde el Rin hasta Bélgica, la Línea Maginot no cubría la zona boscosa de las Ardenas. ¿Por qué? Los mandos franceses consideraban imposible que cualquier división acorazada fuera capaz de transitar por aquella zona. Además, Francia y Bélgica habían firmado una alianza militar en 1920 que autorizaba a los franceses a desplegar sus fuerzas en territorio belga, en caso de agresión por parte de un tercer país. Pero no contaban con un imprevisto...

Todavía hoy, si se visita la línea Maginot es posible observar imágenes como esta en recuerdo de tan inútil construcción. El tanque americano de la imagen pasó mucho tiempo después de que la línea de defensa fuera inhabilitada. Hubo que esperar a Normandía para que los alemanes se retiraran.

Maginot se rompe

En esas que Hitler empezó a hacer de las suyas. En septiembre de 1939, invadió Polonia y poco después Noruega y Dinamarca. Aquello parecía coser y cantar. Las tropas alemanas se acercaban peligrosamente a la frontera de la Línea Maginot y los aliados empezaban a ponerse nerviosos. Mientras que el anciano Comandante Supremo del Ejército Francés, Maurice Gamelin, seguía basando su estrategia defensiva en la anquilosada guerra estática de trincheras, los alemanes introducían nuevos elementos, como las unidades acorazadas y la aviación de guerra. Convencido de que la Línea Maginot podría contener a los alemanes en el este, supuso que la ofensiva alemana se llevaría por los Países Bajos.

Y entonces llegó el imprevisto: los belgas se olieron que aquella guerra podría asolar el país y rápidamente se declararon neutrales. Entonces, los franceses se vieron obligados a extender sus defensas a lo largo de la frontera belga. Pero esa línea no tenía los mismos parámetros de seguridad que el resto de la Línea Maginot, en especial si se la comparaba con la existente en los alrededores de Metz, Lauter y Alsacia. Como no podían utilizar Bélgica como campo de batalla, Gamelin ordenó mover la línea defensiva hasta la frontera de Francia, esperando el ataque alemán sobre Bélgica, para lanzarse al encuentro de los invasores. En eso sí que acertó. Efectivamente, las tropas de Hitler cayeron sobre Bélgica. Con lo que no contaban es con la astucia del general alemán Erich von Manstein. Este avispado estratega berlinés ordenó distraer al ejército aliado con ataques en el norte de Bélgica, mientras secretamente planeaba penetrar por la «inexpugnable» zona de las Ardenas. Allí había sólo dos divisiones francesas que nada pudieron hacer para frenar el avance de 45 divisiones (incluyendo siete acorazadas) abriéndose camino.

Cada vez más cerca

La ofensiva alemana empezó en la madrugada del 10 de mayo de 1940. Y tan sólo dos días después, el XIX Cuerpo Panzer al mando del comandante Heinz Guderian ya había cruzado las Ardenas. El gobierno francés entró en pánico, pues hasta el momento desconocía la existencia de esta avanzadilla. Afortunadamente, los aliados todavía guardaban un as en la manga. Según los mandos franceses, los

Soldados americanos cruzando la línea Maginot en septiembre de 1944. Puede observarse la línea de conos de cemento que había de impedir el paso de vehículos.

tanques alemanes nunca podrían cruzar el río Mosa. Otro error de cálculo. La aviación alemana lanzó sobre la artillería francesa que defendía el río el mayor bombardeo conocido hasta el momento. Sobre los soldados galos cayeron más de 1.200 bombas, mientras los zapadores alemanes construían un puente para cruzar el río en menos de 10 horas. La Real Fuerza Aérea británica lanzó un ataque con 70 aviones para destruir el puente alemán, pero los cazas y las baterías anti-aéreas alemanas causaron a los ingleses su peor derrota aérea hasta entonces: sólo 31 aviones regresaron. En aquel momento, la situación francesa ya era totalmente desesperada. Las tropas alemanas se acercaban cada vez más y Gamelin fue obligado a renunciar al cargo por su incompetencia. Su sustituto, el comandante Maxime Weygand, tenía un plan. Ordenó que las tropas anglo-francesas atrapadas en el norte y los tanques del Coronel De Gaulle en el sur, atacaran simultáneamente el cerco alemán, intentando romperlo. El plan terminó en una verdadera masacre y la cosa empeoró cuando Italia se sumó a la fiesta y también declaró la guerra a los franceses. A aquellas alturas, el país ya había perdido su mejor armamento, así como sus mejores divisiones.

Uno de los morteros de 81 mm emplazados en la línea Maginot, en Fort Saint Gobain. Nunca llegaron a utilizarse.

Francia ocupada

El 10 de junio de 1940, el gobierno francés abandonó París y se instaló en Burdeos. Quince días después, Hitler se reunió con varios altos oficiales de Francia, quienes solicitaron un armisticio. El acuerdo estipulaba que Alemania ocuparía dos terceras partes de Francia y establecía dimensiones ridículas para el ejército. Cuando los franceses se quejaron ante la dureza de las condiciones, los alemanes dejaron claro que no cederían en ningún punto. Así terminó la llamada Batalla de Francia, en la que se calcula que perdieron la vida casi 100.000 franceses, por tan sólo 7.000 alemanes.

Operación Barbarroja

ERROR: Invadir la Unión Soviética
menospreciando el potencial del ejército ruso
y sin tener en cuenta al «General Invierno».

¿Quién?
Adolf Hitler,
canciller y
comandante supremo
de las Fuerzas
Armadas
alemanas.

¿Cuándo?
Junio a
diciembre
de 1941.

Consecuencias
No tener en cuenta el
frío ni acordarse de
Napoleón representó una de
las derrotas más humillantes
del ejército alemán y
el principio del fin
de su dominación
en Europa.

«El mundo va a contener el aliento.»

Adolf Hitler, diciembre de 1940

En plena segunda guerra mundial, no había quien pusiera freno al afán expansionista de Adolf Hitler. A mediados de 1941, el Tercer Reich ya era dueño de casi toda Europa Occidental. Polonia, Dinamarca, Noruega, Bélgica, Holanda, Luxemburgo, Yugoslavia, Grecia y la mayor parte de Francia eran naciones ocupadas. Italia se mantenía como país aliado y Rumanía, Bulgaria, Eslovaquia, Hungría y Finlandia eran estados satélites en la órbita alemana. El resto permanecía neutral o en estado no-beligerante, como España.

Tras su exitosa campaña en Francia, a Hitler le faltaba doblegar la resistencia de Gran Bretaña. Lo intentó, pero como no pudo con los ingleses, probó suerte con los rusos. En su imaginación, el Führer soñaba con un impe-

Tropas alemanas en Rusia en 1941. Hitler planeaba un avance rápido, que le había de permitir llegar a Moscú antes de que el invierno helara las llanuras rusas, pero las cosas se complicaron, y sus tropas quedaron atrapadas por uno de los inviernos más crudos conocidos sin el equipamiento preciso.

rio continental que se extendía desde el Atlántico hasta los Urales. Ideas que recogió en su libro *Mein Kampf (Mi lucha)*: «Se trata de enviar al fondo del continente asiático a quienes hacen correr al Nuevo Orden europeo y nacionalsocialista los mismos riesgos que hacían correr los hunos de Atila a la Europa romana…». El territorio ruso conquistado se convertiría en el espacio vital que satisfaría las necesidades de tierra y materias primas para la población alemana durante siglos. Además, si quería doblegar a Gran Bretaña en una larga guerra de desgaste, parecía buena idea asegurarse el inmenso suministro de cereales y carburante que ofrecía Rusia.

Pronto le puso nombre a su sueño: Operación Barbarroja (en honor a Federico I, emperador del Sacro Imperio Romano Germánico durante el siglo XII y considerado por los nazis como el Primer Reich). La idea era organizar una invasión relámpago de la Unión Soviética que debía ser aniquilada, teóricamente, en una sola campaña de apenas un par de meses, antes del invierno.

Hitler tenía la obsesión de tomar él mismo todas las decisiones. Desoyó a sus generales en la campaña de Rusia y cometió una serie de errores tácticos que le llevaron al desastre.

Tres meses ¿y listo?

Para evitar que el frío sorprendiera a sus tropas, Hitler decidió que la ofensiva se realizaría en mayo de 1940. Según sus optimistas cálculos, su ejército apenas necesitaría tres meses para doblegar a todo un país. A diferencia de Napoleón, Hitler estructuró sus tropas en tres bloques: el llamado Ejército Norte conquistaría los países bálticos y Leningrado (ahora San Petersburgo); el Ejército Centro invadiría Bielorrusia, tomaría la ciudad de Moscú y ocuparía las regiones centrales; y el Ejército Sur tomaría Ucrania, conquistando Kiev y siguiendo por el río Volga hasta la región montañosa del Cáucaso (rica en petróleo). En total, se movilizaron cerca de 3,2 millones de soldados hacia la frontera soviética, junto con un millón de soldados de países aliados y satélites, preparados todos para iniciar una ofensiva general.

Entonces ocurrió algo que cambió por completo la situación. Mussolini estaba siendo acorralado por las tropas aliadas en su intento de invadir Grecia. Para atacar al país heleno, Hitler se abrió paso a través de Yugoslavia y tras un devastador bombardeo sobre Belgrado, se hizo con el control de ese país. Poco después, Grecia se rendía a los alemanes y Hitler podía volver a centrarse en su ataque a Rusia.

El frente mediterráneo ya estaba asegurado, pero se había perdido demasiado tiempo en ello. Varios generales del Estado Mayor comunicaron a Hitler el riesgo de lanzar un ataque a mediados de junio pues podían verse sorprendidos por el crudo invierno ruso. El Führer desoyó las advertencias y fijó la fecha de la ofensiva para el 22 de junio de 1941. Así que, a las 3:15 de la madrugada de ese día, en un gigantesco frente de 1.600 km entre el mar Báltico y el mar Negro, 4 millones de soldados iniciaron la invasión. Estructurados en 225 divisiones y reforzados con 7.000 cañones, 4.400 tanques y 4.000 aviones, aquella era la operación terrestre más grande de la historia.

Durante las primeras semanas de ofensiva todo ocurrió según lo previsto. El éxito de la campaña era tal que el General Halder llegó a afirmar: «Uno ya puede decir que la tarea de destruir la masa del Ejército Rojo se ha cumplido. Por tanto, no exagero al afirmar que la campaña contra Rusia se ha ganado en 14 días».

Mussolini y Hitler en junio de 1940. Los italianos tuvieron serios problemas desde el principio para mantener el dominio del norte de África. Y cuando por fin despertaron, Mussolini fue derrocado y se pasaron al bando de los aliados.

Soldados alemanes en una trinchera en 1942, ateridos de frío. La suerte ya estaba echada.

El mariscal Fedor von Bock estuvo al mando de la Operación Barbarroja, con la misión de tomar Moscú. Resultó herido de muerte durante un bombardeo el 3 de mayo de 1945.

Operación Tifón

La caída del país era cuestión de días, cuando la climatología empezó a aliarse con los rusos. Las lluvias se adelantaron y empezaron a embarrar los caminos en pleno mes de julio. Las tropas del norte y del sur retrasaron su avance y entonces Hitler tomó una decisión equivocada. Frenar el avance del Ejército Centro hacia Moscú y acudir en ayuda de los otros dos frentes. La ofensiva hacia la capital soviética no se retomó hasta el 2 de octubre, en la llamada Operación Tifón. El plan de Hitler era dinamitar toda la ciudad, borrarla del mapa y más adelante construir allí una gigantesca presa destinada a producir energía hidroeléctrica, sumergiendo la ciudad bajo el agua.

Pero la lluvia y la nieve seguía cayendo y cuando las tropas alemanas llegaron a menos de 80 km de la ciudad, los caminos enfangados impidieron seguir a toda la infantería pesada. Allí encallados se quedaron la mayoría de tanques, camiones, motocicletas y artillería. Tras la lluvia llegaron las bajas temperaturas. En pleno noviembre, los soldados alemanes, comandados por el General Fedor von Bock, fueron sorprendidos por temperaturas de hasta -10 ºC. El frío inutilizó tanto a los vehículos como a los tanques, pues las reservas de líquido anticongelante se agotaron enseguida. Las existencias de ropa de invierno eran claramente insuficientes, ya que nadie había previsto una campaña tan larga que entrara de lleno en los meses de más frío.

A finales de noviembre, la situación fue empeorando al caer los termómetros hasta unos históricos -45 ºC. Las bajas por congelación ya eran más elevadas que los muertos provocados por ataques del enemigo. La mayoría de generales propusieron atrincherarse y esperar la llegada de la primavera para reanudar la ofensiva. Además, Stalin había ordenado la táctica de la tierra calcinada. Pastos, cultivos, ganado… todo había sido completamente quemado y arrasado, con la intención de que las tropas alemanas no obtuvieran víveres allá por donde pasaran.

Pero Hitler ansiaba entrar en Moscú y ordenó un ataque final a la capital. En su ciudad, los rusos contaban con un ejército de 1,2 millones de soldados, dotados con casi 8.000 cañones y morteros, además de casi un millar de tanques. Además, todos los obreros habían sido movilizados para cavar trincheras, montar alambradas, barricadas, nidos de ametralladora… con tal de detener al ejército invasor.

Soldados rusos en 1941, preparados para hacer frente al enemigo. El Ejército Rojo empleó la misma táctica que con Napoleón. Retroceder ante el avance, reagruparse y atacar.

Hitler tenía previsto entrar en el Kremlin pocas horas después de la ofensiva final pero los soviéticos lograron resistir. Stalin ordenó el despliegue de tropas acantonadas en Siberia, confiado por su pacto de no-agresión con Japón y por las informaciones que había recibido del espía Richard Sorge desde Tokio. Los problemas logísticos y la resistencia soviética finalmente ganaron la partida e hicieron retroceder al ejército nazi en una humillante retirada.

El día de la infamia... pudo evitarse

ERROR: Reaccionar tarde y mal a la amenaza de un ataque japonés a la base naval norteamericana de Pearl Harbor.

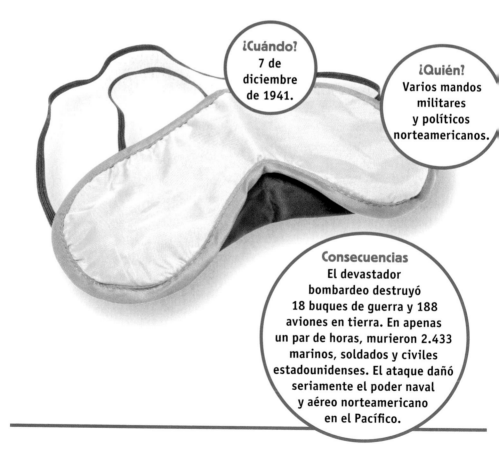

¿Cuándo?
7 de diciembre de 1941.

¿Quién?
Varios mandos militares y políticos norteamericanos.

Consecuencias
El devastador bombardeo destruyó 18 buques de guerra y 188 aviones en tierra. En apenas un par de horas, murieron 2.433 marinos, soldados y civiles estadounidenses. El ataque dañó seriamente el poder naval y aéreo norteamericano en el Pacífico.

«Pearl Harbor quedará como un error colosal de inteligencia, perpetrado por un grupo desorganizado, desordenado y parroquial de proveedores de información estratégica que disponían de las herramientas, pero realizaron mal su trabajo.»

John Hughes-Wilson,
analista militar

Los americanos tienen tres fechas grabadas en la memoria: el 11-S, el asesinato de Kennedy y el ataque japonés a la base naval de Pearl Harbor. Hablemos de la última.

La mayoría de guerras, por no decir casi todas, esconden intereses básicamente económicos. Para entender por qué Japón entró tan alegremente en un conflicto como la segunda guerra mundial hay que remontarse a la pésima relación con sus vecinos chinos. En 1937, ambos andaban tirándose los trastos a la cabeza en la segunda guerra Chino-Japonesa. El expansionismo de los nipones no tenía límites y, tras la caída de Francia a manos de los alemanes en junio de 1940, se animaron a conquistar algunas colonias europeas. Empezaron controlando la Indochina francesa. Eso molestó mucho a Estados Unidos y al Reino Unido que como castigo le impusieron un sangrante bloqueo económico. Embargaron las importaciones de metal y petróleo (el oro negro era y es especialmente importante para Japón, pues carece de recursos petrolíferos propios). Además, bloquearon la lle-

El USS *California* fue hundido en 1941 en Pearl Harbor, pero fue reflotado y reparado como un símbolo del imperio americano, hasta que fue vendido como chatarra en 1959.

gada de un montón de materias primas necesarias para el país: caucho, bromo, cobre, latón, níquel... Estas medidas estaban estrangulando la economía nipona, así que se iniciaron negociaciones diplomáticas para desencallar el asunto. El gobierno de Estados Unidos redactó la llamada Nota de Hull (en honor a quien la entregó, el Secretario de Estado Cordell Hull) donde exigían que Japón abandonara China y las colonias francesas. Los diplomáticos japoneses cogieron un buen cabreo, calificando la nota de «chantaje y provocación». Aquel día, un 26 de noviembre de 1941, empezó a fraguarse el ataque a la base naval de Pearl Harbor.

Operación Z

Japón no tenía otra alternativa que lanzarse hacia adelante. Tal como dijo el general y primer ministro japonés Hideki Tojo (1884 – 1948): «Cruzarnos de brazos hubiera significado la destrucción de Japón». El ataque sorpresa de este estratega sobre Port Arthur que dio inicio a la guerra Ruso-Japonesa (1904 – 1905), sirvió de inspiración a Isoroku Yamamoto, comandante japonés de la Flota Combinada del Pacífico. Él fue quien sugirió que un único y fulminante ataque contra las bases navales en Hawai era la mejor alternativa para destruir la flota enemiga en el Pacífico, y ocupar las colonias europeas y estadounidenses de Asia y Oceanía mientras los estadounidenses reconstruían la flota.

La base de los norteamericanos en el archipiélago de Hawai estaba situada en el complejo portuario de Pearl Harbor. Ubicada en la isla de Oahu, a unos 15 km de la capital Honolulu, era un importante punto estratégico para las operaciones en todo el Pacífico.

Ya estaba decidido, el ataque se bautizó como Operación Z, en honor a la bandera Z utilizada por el almirante Togo para indicar el inicio del ataque japonés en la decisiva batalla de Tsushima (1905) contra la Flota Rusa del Báltico que acabó con la derrota rusa y 4.380 muertos. Yamamoto fijó la fecha del ataque en la mañana del 7 de diciembre de 1941 (hora local).

El aviso llegó tarde

La táctica consistía en declarar formalmente la guerra a Estados Unidos poco antes del ataque. Desde la oficina de Relaciones Exteriores en Tokio se transmitió un mensaje cifrado a la Embajada de Japón en Washington. La orden era entregarlo a las autoridades estadounidenses cuando la flota japonesa ya estuviera camino de Pearl Harbor. Pero el mensaje en clave fue interceptado y descifrado por el Centro de Inteligencia Naval, en Maryland. Su contenido fue transmitido al almirante Stark, Jefe de Operaciones Navales. Algunos oficiales presentes cayeron en la cuenta de que la hora prevista por los japoneses para la ruptura de las negociaciones coincidía con el amanecer en Honolulu y, por tanto, con el inicio de un posible ataque. Había que notificar la sospecha al Jefe del Estado Mayor, George C. Marshall. A esas horas paseaba tranquilamente a caballo y tardó en regresar al despacho. Cuando finalmente pudo leer la amenaza japonesa, mandó un mensaje de alerta por radio. Pero las condiciones atmosféricas en el Pacífico eran pésimas y nadie aparecía al otro lado. Así que optó por mandar un aviso por cable comercial, con la consiguiente pérdida de su carácter urgente. Cuando la alerta llegó a Hawai, faltaban pocos minutos para que empezara el ataque.

Isoroku Yamamoto fue el general japonés más capacitado y respetado por los norteamericanos. Estudió en Harvard y conocía bien a sus enemigos, pero se vio impelido al combate. Murió durante una operación del ejército estadounidense destinada a darle caza.

El destructor USS *Shaw* destruido durante el ataque a Pearl Harbor. Fue reparado en San Francisco y continuó operativo hasta 1945.

Un devastador bombardeo

La flota que los japoneses prepararon para el ataque cortaba el aliento. Estaba conformada por 6 portaaviones, 2 acorazados, 2 cruceros pesados, 1 crucero ligero, 8 destructores, 81 cazas, 135 bombarderos en picado, 104 bombarderos horizontales, 40 bombarderos torpederos y 3 cargueros de combustible. El ataque a la base americana se realizó en dos oleadas; la primera llegó a Pearl Harbor a las 7: 53 de la mañana del domingo 7 de diciembre de 1941. Estaba encabezada por aviones torpederos, que centraron su ataque sobre los portaviones y acorazados americanos. Mientras, aviones bombarderos atacaban en picado las bases aéreas de Hickam Field y Wheeler Air Field.

Los aviones de la segunda oleada atacaron Bellows Field y Ford Island, una base aeronaval y de infantería de marina en el centro de Pearl Harbor. El efecto sorpresa de Yamamoto fue devastador. Noventa minutos después de iniciarse, el ataque había concluido. En total, los japoneses hundieron 18 barcos y destruyeron 188 aviones estadounidenses en tierra. Murieron 2.433 marinos, soldados y civiles estadounidenses. Casi la mitad (1.102 hombres) fueron a causa de la explosión y el hundimiento del acorazado USS *Arizona*. El buque, de 35.000 toneladas de peso, fue resquebrajado como una simple hoja de papel cuando un proyectil de 40 cm cayó desde un bombardero a gran altitud, atravesó ambas cubiertas blindadas y detonó el compartimento frontal donde se almacenaban las armas.

Mitsubishi A6M Zero.
Este tipo de avión de largo alcance fue utilizado por los japoneses para el bombardeo de Pearl Harbor.

¡Pudo evitarse?

Son muchos los que siguen acusando al gobierno americano de no hacer nada para evitar el ataque a Pearl Harbor. Entre otros datos, se basan en el testimonio posterior del secretario de Guerra Henry Stimson: «Estábamos paralizados. Queríamos entrar en la necesaria guerra contra Hitler, pero no sabíamos cómo hacerlo. El presidente Roosevelt tenía el profundo instinto, la voluntad de intervenir para salvar a Inglaterra, sola desde junio de 1940, tras un año y medio de guerra, y de tratar de poner fin a la irresistible ofensiva nazi en toda Europa. Y debíamos hacerlo antes de que fuera demasiado tarde. Pero el pueblo norteamericano, en su inmensa mayoría, estaba decidido a mantenerse al margen, a dejar que los europeos, fanáticos y decadentes, se degollaran entre sí...»

Según los revisionistas de la historia, los archivos nacionales guardan más de 100 mensajes de la flota japonesa que fueron interceptados durante su travesía de 5.630 km hacia Pearl Harbor. A pesar de ello, nadie avisó de lo que estaba a punto de suceder. ¿Por qué?

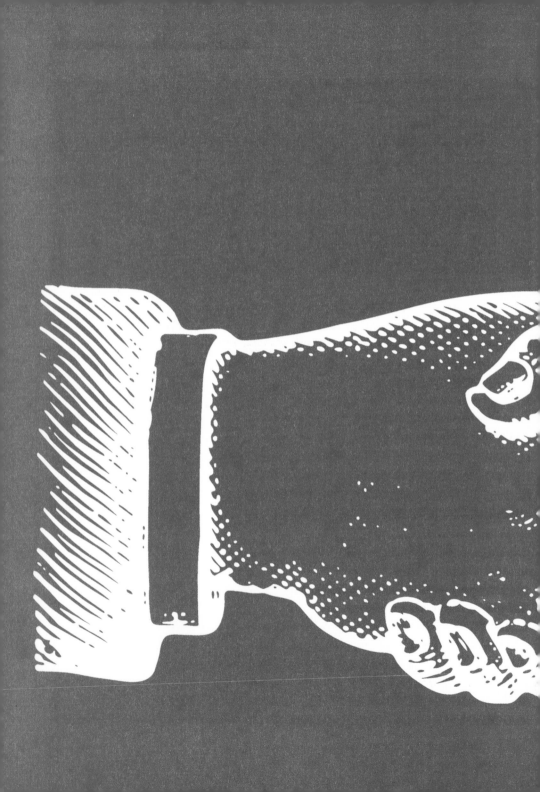

¡NEGOCIOS!

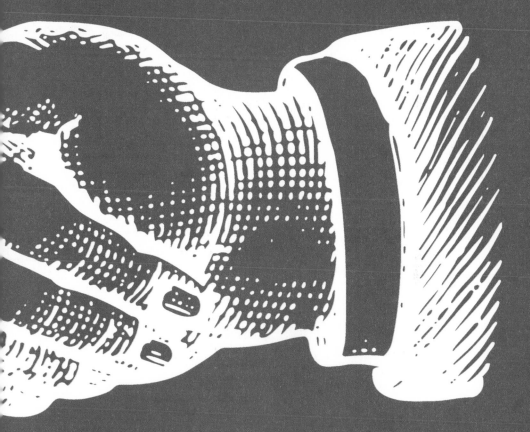

El día en que Wall Street hizo *crack*

ERROR: El fuerte desequilibrio entre oferta y demanda, el excesivo endeudamiento, créditos sin garantías y falta de previsión del gobierno estadounidense, que actuó con pasividad y cometió errores que provocaron una grave depresión de la que tardaría varios años en salir.

¿Cuándo?
24 de octubre de 1929.

¿Quién?
La sobreproducción, la especulación y la burbuja inflacionista en la Bolsa, provocadas por una situación de bonanza económica.

Consecuencias
La pérdida de valor de las acciones arruinó a miles de personas. El pánico se generalizó y la gente acudió en masa a los bancos para retirar sus fondos. Suicidios, pobreza y hambre recorrieron el país. Cerraron cerca de 100.000 empresas y la crisis saltó a Europa, que se equivocó al tomar medidas proteccionistas.

«No veo nada en la situación actual que sea amenazante, o garantice el pesimismo. Tengo plena confianza en que habrá un renacimiento de la actividad en la primavera, y que durante el próximo año el país tendrá un progreso constante.»

Andrew W. Mellon,
Secretario del Tesoro.
31 de diciembre de 1929

A principios de los años 20, los norteamericanos vivían a lo grande. Eran tiempos de prosperidad económica e intenso crecimiento industrial gracias a una profunda transformación dominada por la innovación técnica. Había poco paro y la gente consumía cada vez más. Empezaron a comprar electrodomésticos y coches, hasta el momento sólo para gente adinerada. La clase media subía como la espuma y se respiraba un ambiente de bienestar y optimismo. El presidente, el republicano Herbert Clark Hoover (1874-1964), mostraba así su euforia:

Estados Unidos había crecido muy deprisa y dependía demasiado de los sistemas financieros. Mucha gente tenía acciones y contaba con ellas para ver crecer sus ahorros y tener una buena jubilación. Arriba, un ciudadano vende su coche para hacer frente a las pérdidas causadas por el crack.

«Hoy estamos en América más cerca del triunfo final sobre la pobreza de lo que lo haya estado ningún otro país en la historia. El asilo para los pobres va a desaparecer. No hemos conseguido todavía la meta, pero, si se nos da la oportunidad de conseguir la política desarrollada durante estos últimos ocho años, pronto, con la ayuda de Dios, estaremos en condiciones de ver el día en que la pobreza quedará desterrada de esta nación.»

De hecho, iban por buen camino. Los sectores de la auto-moción, la siderurgia y la construcción generaban mu-chísimo empleo. Nunca la tasa de paro en Estados Unidos había sido tan baja. La industria estaba encantada con semejante demanda consumista. Los avances técnicos en las fábricas permitían reducir los costes de producción y, claro, así se obtenían más beneficios. Vaya, que los ame-ricanos estaban en la gloria. ¡Y qué decir de Wall Street! Allí los precios de las acciones y los valores andaban por las nubes. La bonanza económica había llevado a cientos de miles de norteamericanos a invertir fuertemente y arriesgar sus ahorros en el mercado de valores.

El Jueves Negro

A principios de 1929, los *brookers* prestaban gran canti-dad de dinero a pequeños inversores sin garantía alguna. La burbuja económica se fue inflando cada vez más. Pero los sueldos de la gente no iban en consonancia y poco a poco la demanda fue decreciendo. Los almacenes estaban llenos de mercaderías que no podían ser vendidas y mu-chas fábricas comenzaron a despedir a sus trabajadores.

Aun así, el optimismo bursátil seguía como si nada. Una euforia que se rompió en mil pedazos el 24 de octubre de 1929. Conocido como el Jueves Negro, ese día el valor de las acciones en la Bolsa de Nueva York se colapsó. Al menos 13 millones de títulos fueron puestos a la venta sin encontrar comprador, provocando el hundimiento de la bolsa. Esta venta masiva agravó aún más la situación financiera.

Durante los días siguientes, la cosa empeoró. No ha-bía manera de detener la caída. Mientras tanto, la admi-nistración estaba convencida de que aquello era una cri-sis pasajera y se empeñaba en quitarle hierro al asunto. Así que no se hizo nada por socorrer al sistema financie-ro ni tampoco se afrontó seriamente el problema del paro hasta que ya era demasiado tarde. En consecuencia, la

La Bolsa de Nueva York es un referente mundial. Fue creada en 1817 por un grupo de corredores de bolsa para controlar las acciones que en aquellos tiempos se compraban y vendían en las aceras.

crisis se fue extendiendo. El endeudamiento de la gente era insostenible, no se pagaban los créditos y los bancos perdieron solvencia. Al crack del 29 le siguió un periodo de contracción económica mundial conocido como la Gran Depresión. La situación traspasó fronteras y llegó al resto del mundo, especialmente a las naciones más dependientes de Estados Unidos.

El *New Deal*

En la década de los 30, los países afectados por la Gran Depresión empezaron a ensayar distintas formas para salir del atolladero. En esa época, nació la famosa doctrina del keynesianismo, propuesta por el economista británico John Maynard Keynes (1883-1946). Según él, la crisis del 29 la había provocado el hundimiento de la demanda y era necesaria una intervención del Estado para estimularla. El reequilibrio entre oferta y demanda debía provenir de un aumento de la demanda, y no tanto de una disminución de la oferta excesiva, como preconizaba la mentalidad liberal clásica. Para ello, el Estado debía estimular la inversión y el empleo recurriendo al déficit presupuestario. Ello incluía también la inversión directa en obra pública y en los sectores con mayor impacto sobre empleo y demanda. Había que impulsar el consumo elevando el poder adquisitivo de la población, protegiendo las rentas más pobres. Estas revolucionarias ideas pronto fueron puestas en práctica por el nuevo presidente de Estados Unidos, Franklin Delano Roosevelt (1882-1945). Bajo el nombre de *New Deal*, su política de rescate recuperó el tiempo perdido y consiguió restablecer el orden económico mediante la intervención regulada del Estado.

Una cola de hambrientos ciudadanos debajo de los letreros que ensalzan el *American way of life*.

La gran depresión de 1929 hizo que se vivieran escenas de hambre y desesperación en todo Estados Unidos. En la imagen, Florence Owens Thompson en una foto de Dorothea Lange.

Un ejecutivo poco avispado

ERROR: Rechazar la oportunidad de grabar a The Beatles cuando todavía eran unos desconocidos.

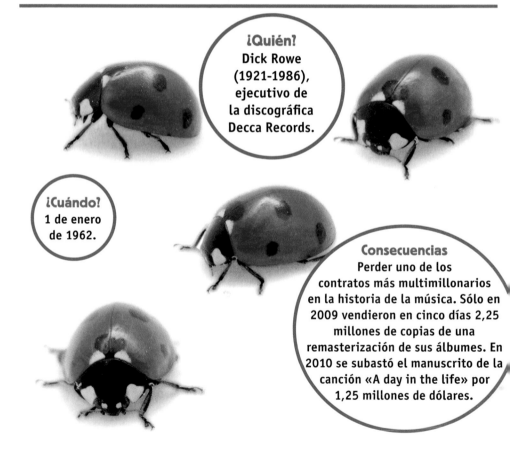

¿Quién?
Dick Rowe (1921-1986), ejecutivo de la discográfica Decca Records.

¿Cuándo?
1 de enero de 1962.

Consecuencias
Perder uno de los contratos más multimillonarios en la historia de la música. Sólo en 2009 vendieron en cinco días 2,25 millones de copias de una remasterización de sus álbumes. En 2010 se subastó el manuscrito de la canción «A day in the life» por 1,25 millones de dólares.

«No nos gusta su sonido y esa música de guitarra está en decadencia.»

Dick Rowe, de Decca Recording Company

El 6 de julio de 1957 un jovencísimo Paul Mc-Cartney acudió con su amigo Ivan Vaughn a un concierto de The Quarry Men, una banda de rock inglesa fundada por unos cuantos compañeros de colegio y liderada por un tal John Lennon. Vaughn era colega de Lennon y al terminar el concierto se acercaron a charlar con él. Paul andaba buscando banda para tocar la guitarra y le propuso entrar en el grupo. Tras tocar el clásico *Twenty Flight Rock* de Eddie Cochran en plan prueba, Paul ingresó en el grupo. Medio año después, se les unió George Harrison y luego el bajista Stuart Sutcliffe, mientras que la figura del batería iba y venía.

La banda fue cambiando de nombre (Johnny and the Moondogs, The Silver Beetles...) hasta que Sutcliffe sugirió llamarse «Beatals» (juego de palabras entre *beat* y *beetles,* «escarabajos») como tributo a Buddy Holly y los Crickets. Finalmente, la banda decidió denominarse The Beatles, aunque lo de «banda» es un decir, porque todavía no tenían batería fijo. Terminaron por contratar a Pete Best en el puesto vacante y se lanzaron a la carre-

The Beatles ha sido el negocio más fructífero que ha existido nunca en el mundo de la música. Y lo sigue siendo. Y aunque los rechazó después de una hora de audición y perdió un gran negocio, Dick Rowe fichó a los Rolling Stones, lo que no está nada mal.

Brian Epstein se convirtió en manager de los Beatles el 10 de diciembre de 1961. Brian les convenció de que se pusieran trajes en el escenario, de que no comieran ni bebieran mientras actuaban y de que saludaran de forma sincronizada al acabar una actuación.

tera. Tras varias actuaciones en Hamburgo, la banda regresó a Liverpool, donde se presentaron en el escenario de la mítica sala Cavern Club, ubicada en el nº 10 de Mathew Street. Entre 1961 y 1963, la banda llegó a actuar casi 300 veces en la sala y allí fue donde finalmente el productor Brian Epstein los descubrió. Años más tarde, este hombre de negocios recordaba especialmente aquel día:

«Quedé impresionado inmediatamente por su música, su ritmo y su sentido del humor sobre el escenario. E incluso más tarde cuando los conocí también quedé impresionado por su carisma personal. Y fue en ese mismo instante donde todo comenzó...».

El no de Decca

Con un finísimo olfato para los negocios, Epstein se convirtió en una de las principales fuerzas detrás de la promoción y éxito inicial del grupo. Pero arrancar no fue nada fácil. Las discográficas no se atrevían a apostar por aquellos chicos desaliñados. Grandes compañías les dieron la espalda y apostaron por otras bandas. Fue el caso de Decca en uno de los episodios más recordados en la historia de los negocios de la industria discográfica. La famosa «audición de Decca» tuvo lugar el 1 de enero de 1962, antes de que el grupo alcanzara el estrellato mundial. Se celebró en los estudios que la compañía tiene en West Hampstead, al norte de Londres. Allí audicionaron un total de 15 canciones en poco menos de una hora. La cosa empezaba bien y los ejecutivos de Decca accedieron a grabar algunos temas. Al cabo de unas semanas, Dick Rowe, jefe de la división de música popular en Decca, les hizo saber su rechazo arguyendo que «no nos gusta su sonido y esa música de guitarra está en decadencia...».

Decca, cuyo nombre proviene de un gramófono portátil llamado Decca Dulcephone, patentado en 1914, fracasó con esta operación, pero acertó de pleno en la siguiente. El mismo Rowe firmó poco después un contrato con otros jóvenes británicos, sus satánicas majestades The Rolling Stones, que todavía hoy rivalizan con The Beatles por ocupar el trono de mejor banda de rock & roll de la historia. Curiosamente, fue George Harrison, que formaba parte de un jurado a la busca de jóvenes talentos, quien le sugirió a Dick Rowe, mánager de Decca Records, que se fijara en «esos muchachos».

Tras Decca, otras compañías como Columbia, Pye, Philips y Oriole también rechazaron a los jóvenes de Liverpool. Finalmente, en 1962, Epstein consiguió un contrato con la discográfica EMI en una de las operaciones más acertadas de esta empresa. Firmado por Lennon, McCartney, Harrison y Star, además de los padres de McCartney y Harrison (por ser menores de 21 años), el contrato permitió que grabaran su primer sencillo «Love me Do» que logró alcanzar el número 17 en las listas británicas. El resto ya es historia.

En sus orígenes, los Beatles fueron rechazados por todas las discográficas importantes de Inglaterra.

Más rápido, más alto... más pobres

ERROR: Intentar financiar unos Juegos sin el apoyo económico de su país.

¿Quién?
Jean Drapeau, alcalde de Montreal durante la preparación y celebración de los Juegos Olímpicos de verano de 1976.

¿Cuándo?
Del 17 de julio al 1 de agosto de 1976.

Consecuencias
Su mala gestión del proyecto olímpico acarreó importantes subidas de costes, así como una deuda enorme. Las pérdidas económicas ascendieron a 2.800 millones de dólares. Los canadienses tuvieron que hacer frente a la multimillonaria deuda durante varios años mediante impuestos especiales.

Los anillos olímpicos fueron creados en 1913, momento en que Pierre de Coubertin anunció en la *Revue Olympique* el símbolo que se usaría en el Congreso Olímpico de París de 1914.

La historia de los Juegos Olímpicos está repleta de éxitos, pero también de fracasos. Uno de los más sonados ocurrió en la edición de 1976. Desde un principio, los Juegos de Montreal empezaron con mal pie. Les precedía la tragedia vivida cuatro años antes en Munich, donde un comando de terroristas palestinos (autodenominados Septiembre Negro) había matado a 11 atletas israelíes. El impacto internacional fue inmenso y la ciudad de Montreal se curó en salud contratando nada menos que a 15.000 personas encargadas de velar por la seguridad de sus juegos. Luego vinieron los problemas políticos. Montreal 76 sufrió el boicot de los países africanos como protesta por la presencia de Nueva Zelanda en los juegos. Eran los tiempos del *apartheid* y el equipo nacional neozelandés de rugby había participado en una gira por Sudáfrica, país excluido del Comité Olímpico Internacional por su política racista. Y la cosa no acababa ahí. El COI decidió desposeer a la China nacionalista de su identidad política negando su participación en los Juegos.

Jean Drapeau fue alcalde de Montreal de 1954 a 1957 y de 1960 a 1986. Para financiar la ciudad creó la primera lotería pública de Canadá, pero se equivocó en la gestión de los Juegos Olímpicos de 1976.

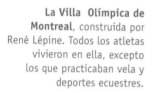

La Villa Olímpica de **Montreal**, construida por René Lépine. Todos los atletas vivieron en ella, excepto los que practicaban vela y deportes ecuestres.

Estadio Olímpico de Montreal, cuyo coste de mantenimiento supera los beneficios. Tiene un techo replegable sostenido por una torre de 175 m de altura.

Un brutal endeudamiento

A los problemas de seguridad y boicot político se unió la pésima gestión económica. Y es que Montreal 76 fueron los Juegos más ruinosos de la historia olímpica. Desde un principio, el gobierno canadiense se mostró muy reticente a subvencionar los juegos. La financiación recayó exclusivamente sobre las autoridades locales y la propia ciudad de Montreal. En ningún momento se consiguió

compromiso económico alguno por parte del gobierno central de la nación, ni tan siquiera el de la provincia de Quebec. El alcalde de Montreal, Jean Drapeau (1916-1999) se lió la manta a la cabeza y empezó a buscar dinero debajo de las piedras. Se creó una lotería olímpica, se firmaron millonarios contratos con la televisión y se vendieron los derechos para el uso comercial de la mascota Amik. Con estas medidas, las autoridades locales intentaban demostrar que una olimpíada podría ser autofinanciada.

Finalmente, se reunieron unos escasos 300 millones de dólares canadienses que permitieron comenzar las obras. Y ahí empezó a agravarse la situación. Sólo la construcción y renovación de la infraestructura de la ciudad, la villa olímpica, el estadio, el velódromo y otras instalaciones deportivas se llevaron por delante un total de 1.500 millones de dólares. Ello supuso un brutal endeudamiento y generó diversas tensiones sociales.

La Expo de Sevilla

Otro error garrafal fue la Expo 92 de Sevilla. Cualquiera que haya visitado el lugar donde se celebró tamaño acontecimiento habrá encontrado los terrenos y las naves abandonados, con una tímida ocupación industrial. Se frustró el parque tecnológico. Las cosas nunca fueron como se esperaba. El presupuesto inicial de unos 275 millones de euros (actualizados a partir del coste en pesetas) se transformó en 1.400 millones. La mayor parte de las obras se adjudicaron sin competencia y se cometieron numerosas irregularidades, con un resultado de más de 250 millones de euros en pérdidas. A su lado, hay que estar contentos de que la Expo de Zaragoza sólo perdiera 96 millones de euros. Aquí, los únicos edificios reutilizados lo son por parte de la propia administración. Eso sí, de parques tecnológicos y de nuevos focos de riqueza... *rien de rien*, de momento.

A ET no le gustan los M&M's

ERROR: Evitar la promoción de los caramelos M&M's en *ET, el extraterrestre*, de Steven Spielberg, una de las películas más taquilleras de la historia del cine.

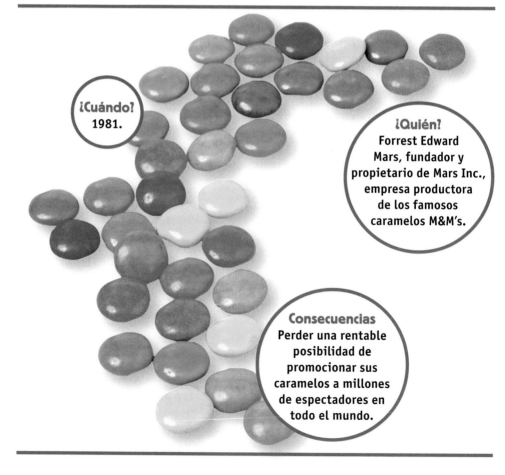

¿Cuándo?
1981.

¿Quién?
Forrest Edward Mars, fundador y propietario de Mars Inc., empresa productora de los famosos caramelos M&M's.

Consecuencias
Perder una rentable posibilidad de promocionar sus caramelos a millones de espectadores en todo el mundo.

Seguro que recuerdas esta escena:

No hay manera de que ET salga de su escondrijo. Para vencer su miedo, el joven protagonista, Elliot, coloca una hilera de caramelos rellenos de chocolate en el suelo a modo de cebo. El truco resulta y de paso nace una de las estrategias de marketing más explotadas a partir de ese momento, el llamado *product placement*.

Hasta el estreno de esta película, las marcas y productos mostrados en el cine simplemente aparecían con el propósito de favorecer el realismo y la ambientación de la historia, pero no con fines publicitarios. Hasta que en 1982 los productores de Spielberg descolgaron el teléfono y llamaron a la empresa Mars. La idea era utilizar sus populares caramelos M&M's en la escena citada a cambio de que financiara parte de la cinta. La respuesta del empresario Forrest Edward Mars fue rotunda: ¡ni hablar de relacionar su producto estrella con aquel feo extraterrestre que asustaría a sus pequeños clientes! De esta forma, «el chocolate que se derrite en tu boca, no en tu mano» protagonizó uno de los fiascos más sonados en la historia de los negocios.

Finalmente, la transacción fue aceptada por los caramelos Reese's Pieces, de la empresa Hershey Foods. En realidad, son muy parecidos, aunque los Reese llevan mantequilla de cacahuete dentro en vez de chocolate; por lo demás tienen forma circular y están recubiertos de caramelo de distintos colores aromatizado. Para hacer la mantequilla de maní, los cacahuetes se tuestan, se muelen y se les añade sal y algo de azúcar. Poco depués de su estreno, el 11 de junio de 1982, las ventas del caramelo favorito del oscarizado ET aumentaron en un 65 por ciento. Un negocio extraterrestre.

Teléfono construido por ET a partir de los juguetes de Elliott y una lata de conservas. Su intención era comunicarse con sus compañeros de la nave espacial que lo había dejado abandonado en la Tierra.

Coca-Cola NO es así

ERROR: Cambiar el sabor de la clásica Coca-Cola y crear un nuevo producto (New Coke) con la intención de aventajar a Pepsi.

¿Quién?
Roberto C. Goizueta, presidente ejecutivo de The Coca-Cola Company.

¿Cuándo?
23 de abril de 1985.

Consecuencias
El nuevo refresco fue un rotundo fracaso. La gente rechazó el producto y la compañía recibió más de 400.000 cartas de protesta. Llegó incluso a crearse una asociación de «Bebedores de Coca-Cola clásica de América». La compañía se retractó y volvió a relanzarla con el sabor de siempre. Curiosamente, la bebida no sólo recuperó el terreno perdido frente a su competidora sino que obtuvo una importante ventaja en cuota de mercado.

«Algunos críticos dirán que Coca-Cola cometió un error de marketing. Algunos cínicos dirán que lo planeamos todo. La verdad es que no somos ni tan tontos para lo uno ni tan inteligentes para lo otro.»

Donald R. Keough,
director de The Coca-Cola Company

En 1953 aparecen las primeras latas con bebidas refrescantes y, ya en 1955, Coca-Cola envía las primeras partidas a sus militares en Oriente. Hasta 1959 no se comercializaron definitivamente.

En 1984, Coca-Cola estaba a punto de cumplir su centenario pero el horno no estaba para bollos. La compañía atravesaba una crisis sin precedentes y perdían terreno ante su principal competidora, Pepsi. Y eso que, al principio, las distancias eran abismales: se bebían dos Coca-Colas por cada Pepsi. Pero dos brillantes campañas de publicidad habían cambiado las tornas. La primera, Pepsi Generation, convenció al público que Pepsi era una bebida para jóvenes, no como Coca-Cola, que era cosa de padres. Esto acercó el producto a los jóvenes y gente con ganas de cambiar y hacer cosas nuevas. Uno a cero. La siguiente campaña se llamó The Pepsi Challenge (El desafío de Pepsi). En el anuncio se vendaba los ojos a una persona para que probara un vaso de Coca-Cola y otro de Pepsi. Siempre prefería Pepsi. Dos a cero.

La peor decisión en la historia del marketing

Algo tan simple como aquello, hizo que, mes a mes, Pepsi empezara a recortar distancias con su rival. Los directivos de

Símbolo de la Coca-Cola con la botella clásica de vidrio. Se han ensayado numerosos tamaños y formas, que varían según el país, pero todo el mundo asocia su sabor con este botellín en forma de cuerpo de mujer.

Coca-Cola no se quedaron de brazos cruzados. Si aún teniendo más puntos de venta, más máquinas y distribuyendo su bebida en Mac Donald's, Pepsi le pisaba los talones, era porque la bebida sabía peor. Así que Roberto Goizueta tomó la peor decisión conocida en la historia del marketing: cambiar el sabor de la Coca-Cola. Aquello era una temeridad. Nadie hasta el momento se había atrevido a tocar la fórmula centenaria del famoso refresco. Pero tras meses de duro trabajo y muchas pruebas, se lanzó la New Coke, con un sabor más dulce y suave que su predecesora. La vieja Coca-Cola se retiró de los supermercados y apoyaron el nuevo lanzamiento con una majestuosa campaña de publicidad.

Fue el mayor fracaso en la historia de los negocios. La gente rechazó el nuevo sabor, se sintió muy engañada por la compañía y protestó por aquel cambio en uno de los iconos más inamovibles de su país.

Las ventas caían en picado y finalmente se retractaron lanzando de nuevo la Coca-Cola clásica. Curiosamente, la bebida no sólo recuperó el terreno que había perdido en tres meses escasos, sino que obtuvo la tan ansiada ventaja en cuota de mercado sobre Pepsi. Ese año, Coca-Cola alcanzó un récord de ventas que propició que Roberto Goizueta obtuviera, a pesar de ser el responsable del fiasco de la New Coke, un millonario plus salarial. Goizueta era un inmigrante cubano que se había hecho a sí mismo; empezó trabajando en la Coca-Cola de Cuba y desertó a Estados Unidos, donde llegó a presidente de la compañía en 1979, cometió el famoso error que encumbró a la empresa e inventó la Coca-Light.

Errores de comercialización

Las multinacionales deben tener cuidado cuando entran en un mercado nuevo con las traducciones de los nombres de sus productos y, sobre todo, con la traducción de sus campañas de publicidad, ya que pueden ser mal interpretadas. Esto ha dado lugar a errores muy costosos.

A veces, el error se evita a tiempo, por ejemplo, Mitsubishi comercializó en España su modelo de todo terreno Pajero, en alusión a alguien que se masturba de forma constante, como Montero, y Ford tuvo que sustituir su modelo Pinto, que en Brasil significa «huevos pequeños» en argot, por el modelo Corcel.

Otros modelos de automóvil cuyo nombre es engorroso son el Nissan Moco y el Mazda Laputa. A la derecha se puede ver una imagen del Moco, que curiosamente se acabó comercializando en España con el eslogan «El Moco lo puedes guardar en cualquier sitio». El Mazda Laputa se anunciaba con frases como

«Diseñado para resistir impactos frontales» y «...ha ampliado su interior».

La fábrica sueca de electrodomésticos Electrolux entró en Estados Unidos anunciando sus aspiradoras con el siguiente eslogan: «*Nothing sucks like an Electrolux*», literalmente «Nadie chupa como un Electrolux».

Otro tipo de error es el cometido por Pepsi en la India cuando en uno de sus anuncios aparecía un niño sirviendo Pepsi a un grupo de jugadores, sin atender a la sensibilización sobre el trabajo infantil que se da en ese país.

Malditas subprime

ERROR: Una incorrecta valoración de los riesgos (intencionada o no) que suponían determinados productos financieros tóxicos (hipotecas basura), sumada a la desinformación de los inversores particulares y la liquidez sin precedentes del período 2001-2007.

¿Cuándo?
2007.

¿Quién?
El mercado inmobiliario e hipotecario de Estados Unidos.

Consecuencias
Una profunda crisis de liquidez que ha provocado el cierre de varias entidades y empresas, junto a otros fenómenos económicos como la desconfianza del mercado, varios derrumbes bursátiles y una recesión a nivel mundial.

Todo empezó cuando la Reserva Federal de Estados Unidos bajó los tipos de interés, llegando a situarlos en el 1 por ciento en 2003. Esto favoreció una burbuja especulativa ligada a activos inmobiliarios, gracias a la enorme liquidez que había. Las viviendas se vendían como rosquillas, hasta que el escenario cambió a partir de 2004. Para controlar la inflación, volvieron a subir los tipos de interés hasta el 5,25 por ciento. Y claro, después de tanta fiesta... llegó la resaca. Muchos propietarios empezaron a tener serios problemas para hacer frente a sus hipotecas. A principios de 2007, esta situación se volvió crítica y comenzaron a encadenarse una serie de impagos masivos en los llamados préstamos subprime. Estas hipotecas de alto riesgo son un producto orientado a la adquisición de vivienda por parte de clientes con bajos recursos económicos. Por su riesgo

Edificio de la Reserva Federal de Estados Unidos, el Eccles Building, desde donde, dicen algunos, se manipula el mundo, en colaboración con las grandes multinacionales.

de impago tenían un tipo de interés y unas comisiones más elevadas. Al tratarse de un producto especial, los bancos norteamericanos tenían un límite a la concesión de estos préstamos, impuesto por la Reserva Federal. Aún así, en 2007 el total de este tipo de hipotecas suponía ya el 12,7 por ciento del total de créditos bancarios. Según un informe del Fondo Monetario Internacional, en enero de 2007 existían en Estados Unidos 4,2 billones de euros en bonos ligados a las hipotecas de alto riesgo, de los cuales 624.000 millones de euros pertenecían en 2006 a inversores no estadounidenses.

La deuda aumentaba poco a poco en todas las entidades, pero podía ser borrada de sus balances mediante paquetes de inversión que eran vendidos a otros bancos o inversores. De esta forma, el problema se iba extendiendo de forma peligrosa, pero como todos ganaban, nadie se preocupaba en exceso.

El Fondo Monetario Internacional ha sido acusado de exigir a los países en crisis la terapia de choque, consistente en planes de austeridad y facilidad para el despido, que los empobrece notablemente antes de empezar a mejorar.

El primer aviso serio

Cuando los tipos de interés empezaron a subir, las cuotas de las hipotecas basura aumentaron de golpe y muchos clientes dejaron de pagar. A pesar de la morosidad y los embargos, parecía que aquello podría mantenerse bajo control. En marzo de 2007 llegó el primer aviso serio: New Century Financial, la segunda mayor firma hipotecaria estadounidense anunció dificultades de financiación y la suspensión de créditos. Y no sería la única, poco después Accredited Home Lenders Holding, un prestamista independiente de hipotecas de alto riesgo declaró que necesitaba efectivo. En julio de 2007, según la Reserva Federal, las pérdidas generadas por las hipotecas subprime se situaban ya entre los 50.000 y los 100.000 millones de dólares.

Crisis en el sistema financiero

Y así llegamos al mes de agosto, cuando el problema acabó afectando a los sistemas financieros. El día 2, la compañía Blackstone anunció su quiebra y la American Home Mortgage (décimo banco hipotecario de EE UU) anunció el despido de toda su plantilla el día 4 y su quiebra el día 6. A estas alturas, la crisis ya había cruzado el Atlántico. En el viejo continente, el banco alemán IKB, expuesto a inversiones en hipotecas subprime, era rescatado con fondos públicos para evitar la bancarrota.

A partir de aquí, una espiral de desconfianza y pánico inversionista empezó a extenderse como la pólvora. El ambiente provocó una repentina caída de las bolsas de valores en todo el mundo debida, especialmente, a la falta de liquidez.

La cosa iba de mal en peor y el Banco Central Europeo (BCE) y la Reserva Federal de EE UU (FED) se vieron obligados a realizar una inyección de liquidez histórica. El BCE puso en circulación 94.841 millones de euros para calmar los nervios y la Reserva Federal de EE UU introdujo en el mercado 24.000 millones de dólares (17.400 millones de euros). Pero la crisis ya se había globalizado. En Europa, importantes bancos comenzaron a admitir que estaban contaminados con estos créditos basura. Los desplomes en las bolsas de todo el mundo se sucedieron durante meses y

El Banco Central Europeo ha gastado miles de millones de euros en respaldar a grandes bancos europeos en crisis por la compra masiva de hipotecas subprime.

los sistemas bancarios no paraban de dar muestras de un serio deterioro. Grandes entidades hipotecarias seguían cayendo una tras otra.

Cae Lehman Brothers

El año 2008 no fue mejor. Lejos de frenar, los efectos de la crisis financiera se contagiaron a la economía real, en parte por culpa del elevado desempleo. En abril, el Fondo Monetario Internacional cifraba en 945.000 millones de dólares las pérdidas acumuladas por la crisis. En julio, hubo otros dos sonados rescates, los de Fannie Mae (Asociación Federal de Hipotecas Nacionales) y Freddie Mec (Corporación Federal de Préstamos Hipotecarios para la Vivienda), en la que fue la mayor nacionalización de la historia, con un coste al erario público de cerca de 200.000 millones de dólares. En septiembre, el cuarto banco de inversión norteamericano, Lehman Brothers, se declaró en quiebra.

Apenas llegar a la Casa Blanca, el presidente Obama tuvo que enfrentarse a la crisis provocada por las hipotecas subprime, de la cual su país es responsable. Puesto que la economía de Estados Unidos necesita un crecimiento constante, los planes de austeridad no se aplican como en Europa.

Va para largo

Había transcurrido un año desde el inicio de la crisis y nadie se atrevía a vaticinar su final. En noviembre, entró en escena el flamante nuevo presidente demócrata de Estados Unidos, Barack Obama. Mientras, Wall Street había perdido un 10 por ciento de su valor. Al otro lado de la balanza, los países en vías de desarrollo no lo estaban pasando mejor. En febrero de 2009, el Banco Mundial anunció que 100 millones de personas seguirían en la pobreza debido al bajón económico mundial. Mientras, el gobierno norteamericano seguía intentando estimular la economía de su país, inyectando dinero público. La máquina de hacer dinero se puso en marcha y se cubrieron las deudas de los bancos más importantes. En Europa sucedió lo mismo, el Banco Central Europeo tuvo que cubrir a varios de los bancos más importantes del continente, y empeoró con más austeridad y menos inversiones, deteriorando aun más el mercado.

Los errores de la economía en España

Aún está por ver quién es el culpable, si la política o el sistema financiero y, dentro de éste, la avaricia de algunos bancos que habían comprado paquetes de hipotecas en Estados Unidos que nunca cobrarían y de las que no podían deshacerse.

En España, no obstante, teníamos nuestro propio problema, la construcción de cientos de miles de viviendas, muy por encima de la demanda, aprovechando la subida de precios constante y los enormes márgenes de beneficios. Tenía que llegar un momento en que la burbuja explotara. De todos modos, de no haber explotado en Estados Unidos, dejando a muchos bancos al descubierto, la burbuja española podría haberse hinchado un poco más. El flujo constante de in-migrantes y convertir el país en el paraíso de los jubilados europeos daban para mucho. Nadie quiso poner freno porque, al fin y al cabo, quienes se han hecho millonarios tienen su dinero a buen recaudo, y quienes han perdido son las instituciones, no quienes tomaron las decisiones que a los demás nos parecen equivocadas.

Ahora viene la reconversión, y tienen el mando quienes proponen austeridad y una caída aun más profunda para volver a levantarse sobre las ruinas. No es la primera vez en una espiral que gira cada vez más deprisa y es más estrecha, en la que los errores se repiten con más rapidez en un mundo de recursos limitados en el que todos queremos ser ricos y olvidamos fácilmente.

TECNOLOGÍA

Ingenieros poco ingeniosos

ERROR: Casi todo lo que se podía hacer mal...

¡Quién?
Ingenieros, geólogos, arquitectos, economistas y políticos, en fin, cualquiera con poder de decisión puede equivocarse.

¡Cuándo?
En cualquier época desde la Revolución Industrial.

Consecuencias
Pérdida de vidas humanas, viviendas, alimentos, infraestructuras, tierras, en fin, todo aquello que está en juego cuando se construye mal o en el lugar equivocado sin tener en cuenta las leyes de la naturaleza.

La ingeniería suele definirse como aquel conjunto de conocimientos y técnicas científicas aplicadas a la resolución y optimización de los problemas que afectan directamente a la humanidad. El trabajo de los ingenieros nos hace la vida más fácil... a veces. Y es que a lo largo de la historia, alguno de ellos ha metido la pata hasta el fondo:

A la izquierda, fragmento de la presa de Saint Francis de 10 m de altura a casi 1 km de su lugar de origen después de la rotura. La presa se construyó sobre una roca inestable, era demasiado alta y estaba mal diseñada. Además, en el último momento, en 1925, se añadieron 3 m más de altura para albergar otros 39 millones de m³ de agua; demasiada presión.

- Cuando construyes una presa que contendrá millones de litros de agua, conviene asegurarse antes de la geología de la zona. El 12 de marzo de 1928, la **presa de Saint Francis** (a 64 km de Los Ángeles) se rompió a causa del movimiento de una falla tectónica ignorada por el ingeniero William Mullholland. A causa del colapso murieron 450 personas. Tras el grave suceso, el jurado encargado de analizar las responsabilidades derivadas de la rotura de la presa, sentenció: «Una sana política de seguridad pública, economía y criterio ingenieril requiere que la construcción y explotación de una gran presa no deben ser nunca dejados bajo el juicio de un solo hombre, con independencia de lo eminente que sea, sin que sea contrastado con el de expertos independientes».

- El 17 de julio de 1981 se estaba celebrando un multitudinario concurso de baile en el nuevo **Hotel *Hyatt* *Regency*** de Kansas City (EE UU) cuando dos pasarelas colgantes en el interior se derrumbaron y mataron a 114 personas. ¿El error? No estaban correctamente reforzadas, debido a un cambio de última hora realizado con el fin de economizar el proyecto.

- ¿Sabes cuál es el barco que menos ha tardado en naufragar? Se trata del **Vasa**, un navío de guerra sueco construido en el siglo XVII por orden del rey Gustavo II de Suecia. El buque en cuestión fue botado el 10 de agosto de 1628 en el puerto de Estocolmo. Al poco rato de dejar el muelle en su primer viaje, una fuerte ráfaga de viento azotó la nave, el *Vasa* se escoró exageradamente y el agua empezó a entrar por los orificios demasiado bajos de los cañones. Además, la embarcación era muy alta con respecto a su manga y su centro de gravedad también. Finalmente, la acumulación de agua en la bodega precipitó su hundimiento.

Gustavo II de Suecia en una pintura de Matthaus Merian, de 1632. Ordenó la construcción del *Vasa*, un barco que se hundió en su primer viaje.

- La industria de los dirigibles es una de las más ruinosas de la historia. Dos desastres (en siete años) detuvieron en seco su fabricación en todo el mundo. El primero en caer fue el **R-101**, modelo inglés construido a toda prisa y que se estrelló en Francia matando a 48 de sus 54 tripulantes. El segundo accidente mortal ocurrió en 1937, al perecer 36 personas a bordo del dirigible **Hindenburg**, cuando se incendió mientras aterrizaba en Nueva Jersey.

- El **Citigroup Center** es uno de los rascacielos más altos de Nueva York. Situado en la Avenida Lexington, número 601, es fácilmente reconocible por su cubierta inclinada. Pero antes de construirlo tuvieron que ceder a las condiciones del propietario de los terrenos. La iglesia luterana de Saint Peter exigió que se levantara una nueva iglesia en el mismo lugar y sin estar físicamente conectada con el

La era de los zepelines, una opción para viajar rodeado de lujos, se acabó con el Hindenburg.

El Citigroup Center destaca sobre el resto de edificios por su cubierta inclinada. Cuando se construyó, se derribó una vieja iglesia luterana que había en el mismo solar y se reconstruyó en una esquina con la condición de que estuviera separada del gran edificio de 59 pisos y 279 m de altura. Pero esa condición puso en peligro la estructura del rascacielos.

Los arquitectos descubrieron a tiempo que el edificio podía caerse ante el embate de un huracán, y que si lo hacía, tumbaría los edificios colindantes, así que hubo que tomar medidas para reforzar la base.

nuevo edificio, ni con columnas que pasaran por su interior...

Los requisitos eran muy exigentes pero finalmente, el ingeniero estructural William LeMessurier dio con la solución. La idea era asentar el edificio sobre cuatro enormes columnas de 35 m de alto colocadas en el centro de cada lado del edificio en vez de en las esquinas. De esta forma, la iglesia podría mantener su ubicación separándose del nuevo edificio.

Pero al poco de inaugurarse el rascacielos, el mismo ingeniero se percató de fallos muy serios en el cálculo de las estructuras. Concretamente, comprobó que si los vientos actuaban sobre dos caras del edificio al mismo tiempo podía comprometer la estabilidad de la obra. Rápidamente, LeMessurier rehizo sus cálculos y buscó la manera de evitar la catástrofe. Se llegó a una acuerdo con los dueños del edificio (la entidad bancaria CitiGroup) para tomar medidas amistosas sin tener que pasar por los juzgados.

Durante tres meses, un equipo de obreros se dedicó a soldar placas de acero de 6 cm de grosor en todas las juntas estructurales para reforzar la base. Esta tarea se realizaba por las noches para que pasara de forma inadvertida y poder terminar el apaño con disimulo. El fallo se mantuvo oculto al público durante casi 20 años, hasta que fue publicado por *The New Yorker* en 1995.

- La primera estación espacial lanzada al espacio por los Estados Unidos tuvo un mal inicio. El 14 de mayo de 1973, la flamante **Skylab** se dañó de forma irreversible nada más lanzarla. Los ingenieros no calcularon bien la aerodinámica y la estación perdió el

escudo solar y antimeteoritos y uno de sus paneles solares principales. Las partes desprendidas del escudo impidieron el despliegue del panel solar restante, causándole un gran déficit energético y un sobrecalentamiento anormal.

La *Skylab* **fue la primera estación espacial estadounidense.** Se lanzó en 1973, con tan mala fortuna que sólo operó durante seis años y la mayoría de viajes se consumieron en reparaciones. Cayó sobre Australia en 1979, y la NASA fue multada por arrojar basura sobre su territorio.

¡Esto se hunde!

ERROR: Casi todo lo que se podía hacer mal...

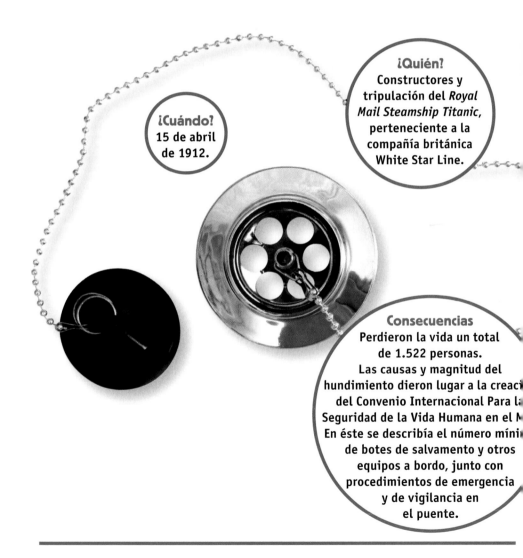

¿Quién?
Constructores y
tripulación del *Royal
Mail Steamship Titanic,*
perteneciente a la
compañía británica
White Star Line.

¿Cuándo?
15 de abril
de 1912.

Consecuencias
Perdieron la vida un total
de 1.522 personas.
Las causas y magnitud del
hundimiento dieron lugar a la creaci
del Convenio Internacional Para la
Seguridad de la Vida Humana en el M
En éste se describía el número míni
de botes de salvamento y otros
equipos a bordo, junto con
procedimientos de emergencia
y de vigilancia en
el puente.

«No concibo que algo pueda hundir a los barcos de hoy, la construcción moderna va mucho más allá que esto.»

Capitán Edward John Smith (1850-1912)

A finales del siglo XIX, dos compañías navieras competían por el lucrativo negocio del transporte de pasajeros entre Europa y América. Por una parte, Cunard Line contaba con dos buques, el *Lusitania* y el *Mauritania*, que eran más rápidos y lujosos que cualquier otro navío de la época. La migración del viejo al nuevo continente atravesaba su época más álgida y con sus buques a vapor empezaban a monopolizar el mercado de cruceros en el Atlántico. Pero en la competencia andaban los de la White Star Line. Su plan era construir tres gigantescos buques (la Clase Olympic) con todo lujo de detalles y equipados con lo último en tecnología, como los revolucionarios compartimentos estancos. Este sistema sellaba secciones enteras del barco en el caso de que éste sufriera una colisión y el agua lo inundara. Directivos y constructores pensaron que sus buques serían imposibles de hundir. Construidos en los astille-

El transatlántico RMS *Titanic* fue construido en los astilleros de Harland and Wolff, en Belfast, Irlanda del Norte, en 1911. Formaba parte de un trío de barcos de la clase Olympic que destacaban por el tamaño y el lujo, y por poseer los últimos adelantos de su época.

ros de Harland & Wolff (Belfast, Irlanda del Norte), durante el proceso hubo muchos cambios de diseño. De tres se pasó a cuatro chimeneas, pues pensaron que darían un aspecto más estético y los pasajeros pensarían que esto dotaría de más velocidad al buque. Otro cambio, éste más importante, fue el de los botes salvavidas. El diseño original contemplaba la necesidad de disponer de 48 botes salvavidas. Pero se consideró que ocupaban demasiado espacio y finalmente se redujeron a tan sólo 16. Un detalle que costaría muchas vidas.

Una lujosa maravilla de la ingeniería

El primer viaje del *Titanic* salió de Southampton, principal puerto de cruceros de lujo de Inglaterra desde 1840. De aquí han partido en su primer viaje muchos de los transatlánticos más conocidos y con más fama del mundo, como los barcos de la saga *Queens* de Cunard.

Una vez cerrada la fase de diseño (a cargo de Thomas Andrews), se determinó que los buques medirían más de 275 m de largo, tendrían una manga de 28 m y un calado de 15 m. El primer buque (*Olympic*) fue botado en el año 1910, y tan sólo un año después, el flamante *Titanic* se presentó en sociedad. El público, la crítica y la prensa de todo el mundo quedaron asombrados ante aquella maravilla de la ingeniería náutica. Considerado como el buque más grande y lujoso de la época, no tenía rival en cuanto a lujo y elegancia. Equipado con una piscina interior, un gimnasio, un baño turco, una biblioteca, y hasta cuatro ascensores, algo inaudito por aquel entonces. Las *suites* estaban equipadas con suntuosos detalles y costosísimas piezas de mobiliario, incluyendo chimeneas hermosamente empotradas.

El primer (y último) viaje

Esta especie de palacio flotante zarpó el 10 de abril de 1912. Comandado por el veterano capitán Edward John Smith, salió del puerto inglés de Southampton con la intención de llegar a Nueva York en seis días. Entre la primera, segunda y tercera clase, había en total 2.224 pasajeros a bordo del lujoso trasatlántico. Tuvo una plácida travesía de 24 millas por el Canal de la Mancha hasta llegar a Cherburgo. Allí recogieron a otros pasajeros que llegaron hasta el buque en pequeñas embarcaciones auxiliares y pusieron rumbo hacia Queenstown (Irlanda), navegando por el Canal y alrededor de la costa sur de Inglaterra. A las 13:30 del 11 de abril, el *Titanic* levó anclas y dejó atrás Europa, poniendo rumbo a Nueva York.

Se cometieron muchos errores aliados con la mala suerte para que se produjera la desgracia. Tenía un diseño que no preveía que entrara agua en los depósitos que tenían que evitar su hundimiento, y se ignoró el peligro real de los icebergs.

Primeros mensajes de advertencia

Navegando a 12 nudos de velocidad en un océano completamente sereno, todo iba como la seda y nada hacía presagiar problema alguno. Eso sí, el operador de radio recibió varias advertencias a tener en cuenta: cuidado con las formaciones de hielo en el Atlántico Norte. La mañana del 14 de abril, el *Titanic* recibió un mensaje de advertencia del buque *Caronia* sobre importantes bancos de hielo en la ruta que seguía el lujoso buque. El mismo mensaje recibió por parte del barco holandés *Noordam* y por el británico *Baltic*, quien refería que a 250 millas de la posición del *Titanic* había «grandes cantidades de hielo». Poco después, el navío alemán *Amerika* avisaba de la presencia de un «gran iceberg», pero este mensaje nunca fue enviado al puente de mando por parte del oficial a cargo.

Margaret Brown, una de las supervivientes del *Titanic*, hace entrega de un premio al capitán Arthur Henry Rostron por su entrega en el rescate.

El operador de radio del *Titanic* estaba tan ocupado tratando de satisfacer a los distinguidos pasajeros del barco que no pudo atender los avisos de icebergs que, dada la insumergibilidad del barco, no dejaban de ser una molestia para todos.

El *California* apaga la radio

A pesar de las reiteradas advertencias, el *Titanic* aumentó su velocidad y siguió a toda máquina rumbo a su destino. Pero seguían llegando avisos. A las 19:30 se recibieron tres avisos consecutivos transmitidos por el *California* en referencia a grandes icebergs, e indicando que se encontraban a sólo 50 millas de la posición del *Titanic*. En esos momentos, el *Titanic* navegaba a unos 22 nudos de velocidad. Era prudente reducir la marcha y el capitán consultó esta posibilidad con el vicepresidente de la compañía, J. Bruce Ismay. ¡Ni hablar! Aquel viaje inaugural tenía que batir todos los récords.

Hacia las 21:30, el capitán se retiró a descansar, dando orden de ser despertado en caso de sufrir algún contratiempo. El segundo oficial al mando ordenó a los vigías que observaran el horizonte con atención, dado los repetidos avisos recibidos. Seguían llegando avisos de icebergs, pero el operador de radio andaba muy atareado enviando mensajes de pasajeros a bordo y los ignoró uno tras otro.

Poco antes de las 23 h, el buque *California* se encontraba a unas 15 millas al norte del *Titanic* y se detuvo a causa de la presencia del hielo. Rápidamente envió advertencias a todos los buques de la zona, incluido el *Titanic*. Pero el operador de radio seguía agobiado y le contestó de mala manera: «¡Fuera! ¡Cállate! Estás estropeando mi señal. Estoy trabajando». Molesto por la respuesta, el operador de radio del *California* decidió apagar la radio y sentenciar a muerte a gran parte de la tripulación del *Titanic*.

Iceberg a la vista

A las 23:30, los vigías divisaron una pequeña mancha a proa. A gran velocidad, sólo 10 minutos después comprobaron que iban directos a una gran iceberg. Avisaron rápidamente al puente de mando, pero ya era demasiado tarde. De forma instintiva, el oficial al mando, William M. Murdoch, ordenó virar todo a estribor, dar marcha atrás y cerrar las compuertas de contención estancas. El gigante empezó a virar pero una parte del iceberg golpeó y rasgó unos 60 metros de la pared de estribor bajo la línea de flotación, abriendo totalmente cinco compartimentos delanteros. Aunque parezca mentira, esta maniobra a la desesperada por evitar el choque frontal condenó al *Titanic*. Al intentar esquivarlo, se abrieron demasiadas vías en los compartimentos delanteros, cosa que sentenció irreversiblemente a la nave. Una inspección de su diseñador Thomas Andrews confirmó las sospe-

La **superficie emergida de un iceberg** es una pequeña parte de lo que se esconde bajo el agua, una masa de hielo que puede tener filos cortantes de una extraordinaria dureza.

chas: en un máximo de dos horas, el *Titanic* reposaría en el fondo del Atlántico Norte.

Por simple aritmética, el capitán Smith calculó que muchos pasajeros morirían por la escasez de botes salvavidas. Entre todos los disponibles, solamente había capacidad para 1.178 personas, mientras que a bordo permanecían 2.227 pasajeros. O sea, que 1.049 personas estaban condenadas a morir.

Los ricos primero

El proceso de evacuación fue caótico. De un total de 1.100 plazas disponibles en los botes, sólo se embarcaron a 711 personas. Se do preferencia a la primera y segunda clase, además de a mujeres y niños, por la caballerosidad del capitán. La mitad de la tercera clase pereció.

Tras la colisión, el primer oficial de radio recibió órdenes de enviar telegramas pidiendo auxilio. El *Califor-*

THE NEW YORK HERALD.

THE TITANIC SINKS WITH 1,800 ON BOARD; ONLY 675, MOSTLY WOMEN AND CHILDREN, SAVED

MOST APPALLING DISASTER IN MARINE HISTORY OCCURS WHEN WORLD'S LARGEST STEAMSHIP STRIKES GIGANTIC ICEBERG AT NIGHT

Portada del New York Herald de la mañana siguiente, una de las más tristes de la historia periodística y probablemente una de las más vendidas.

nia se encontraba relativamente cerca de los hechos, aunque mantenía la radio apagada por los malos modos mostrados desde el *Titanic*. Pero otras naves recibieron el aviso, entre ellas el *Carpathia*, perteneciente a la compañía rival Cunard Line y al mando del capitán Arthur Rostron, que se encontraba a unas 58 millas al sureste de la posición del *Titanic*.

A 4.400 metros de profundidad

A la 01:15 de la madrugada, la escora del buque ya era muy pronunciada y la cubierta delantera estaba completamente cubierta por las frías aguas del Atlántico Norte (entre 4 y 6 ºC). A las 2 ya habían zarpado todos los botes salvavidas, pero todavía quedaban 1.500 personas en el buque. En ese momento, la cubierta A estaba totalmente sumergida y la inclinación del barco hacia proa empezaba a dar señales de partirse por la mitad. Alrededor de las 2:17, la proa se hundió haciendo que la popa del *Titanic* empezara a levantarse del agua. Finalmente, el barco se partió entre la tercera y cuarta chimenea. Tras el primer estruendo, todo quedó a oscuras y el *Titanic* adoptó una posición totalmente perpendicular, con una mitad, la de proa, hundida ya por completo, y la de popa completamente a flote. A las 2:20 la mitad de la proa se separó de la de popa y empezó a hundirse hasta los 4.400 metros de profundidad. Poco después la popa siguió la misma suerte y las aguas se tragaron a miles de pasajeros en un inmenso remolino. Ochenta años después, el fondo marino aun está lleno de botellas de champán sin abrir.

Víctimas y supervivientes

Una hora más tarde, el *Carpathia* lanzó sus primeros cohetes para localizar a los supervivientes y a las 4:10 rescataba al primer bote salvavidas. Hacia las 5:30 llegó el *California*, tras ser avisado por el *Frankfort* de la catástrofe del *Titanic*. Un total de 705 personas fueron rescatadas y la cifra de víctimas fue de 1.522 personas, muertos por hipotermia o ahogamiento. Entre ellas, perdieron la vida el acaudalado Benjamín Guggenheim. Actualmente, ya no queda con vida ningún superviviente del hundimiento. La última en morir fue Millvina Dean, que tan sólo tenía 10 meses de edad en el momento del desastre y que falleció el 31 de mayo de 2009 en Inglaterra.

Titanic Memorial, erigido en honor de las víctimas del hundimiento del *Titanic*, en Belfast. En 2007 se construyó delante del monumento una noria gigantesca de 60 m de altura, un error que se corrigió en abril de 2010, al desmontar la noria.

Por cierto, aunque son errores menores por comparación, cuando se rodó la película *Titanic*, de James Cameron, también se cometieron algunos; por ejemplo, cuando el piloto decide virar a estribor, es decir, a la derecha, el barco de la película vira a la izquierda, es decir, a babor, a pesar de que las voces de fondo gritan a estribor. Se dice que hay más de un centenar de errores en el filme, entre ellos que el cuadro de Monet que aparece en primera clase aún no había sido pintado, que la estatua de la Libertad que aparece iluminada no lo fue hasta el año 1950, los cambios de peinados y collares en una misma escena, el eco que se escucha en el mar cuando alguien pregunta por los supervivientes, que es inexistente en un espacio abierto, el hecho de que Leonardo di Caprio se hunda en el agua cuando debería flotar, en aras del dramatismo, etc.

Aquí falta un guión...

ERROR: Omitir un guión en la transcripción de la fórmula matemática del programa de guiado de la sonda espacial *Mariner 1*.

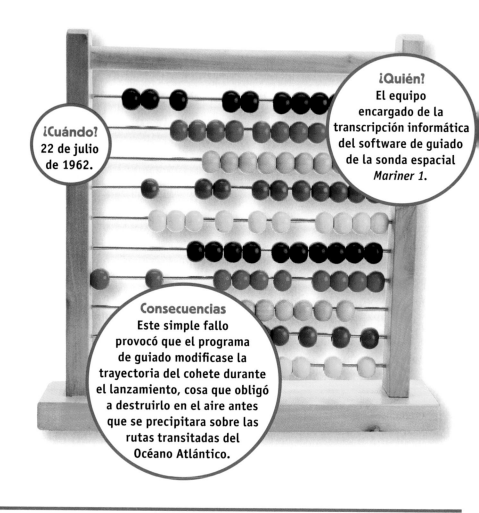

¡Cuándo!
22 de julio de 1962.

¡Quién!
El equipo encargado de la transcripción informática del software de guiado de la sonda espacial *Mariner 1*.

Consecuencias
Este simple fallo provocó que el programa de guiado modificase la trayectoria del cohete durante el lanzamiento, cosa que obligó a destruirlo en el aire antes que se precipitara sobre las rutas transitadas del Océano Atlántico.

La historia de las misiones espaciales está repleta de fallos garrafales que han costado auténticas fortunas y, lo peor de todo, vidas humanas. Además de los trágicos accidentes de los transbordadores *Challenger* (28 de enero de 1986; 7 víctimas) y *Columbia* (1 de febrero de 2003; 7 víctimas), uno de los sucesos más sonados en la historia de la carrera espacial fue el protagonizado por la sonda *Mariner 1*. Su misión era estudiar los planetas Venus y Mercurio, pero nunca llegó a su destino. De hecho, ni siquiera andó cerca, ya que un fallo en el lanzamiento provocó su autodestrucción apenas 5 minutos después del despegue. Y, en este caso, no fue debido a un fallo técnico, un mal diseño o unas pésimas condiciones climatológicas. Esta multimillonaria misión, preparada hasta el más mínimo detalle por la gente de la NASA se fue al garete por un simple guión...

Hasta que Steven Spielberg no creó a un extraterrestre débil y bonachón como un perro de aguas, los seres humanos se reflejaron a sí mismos en su percepción de una especie alienígena tratando de dominarnos.

¿Qué habrá en Marte?

En las décadas de 1960 y 1970, el mundo miraba a Venus y sobre todo a Marte con cierto recelo. Se creía que aquel misterioso planeta podía albergar algún tipo de vida y su «proximidad» a la Tierra generaba inquietud. Tampoco ayudaba la ingente cantidad de novelas, teleseries y películas de ciencia ficción que llegaron a producirse sobre invasiones marcianas, ataques extraterrestres y abducciones varias. Para poner un poco de luz sobre el tema, entre 1962 y finales de 1973 la NASA puso en marcha el JPL (Jet Propulsion Laboratory). Ubicado cerca de Los Ángeles, este centro de investigación y desarrollo se encargó del diseño y construcción de naves espaciales no tripuladas con el fin de echar un vistazo en el espacio. Duran-

Sello conmemorativo de las sondas *Venera* enviadas por la antigua Unión Soviética a Venus con la intención de tomar medidas de la atmósfera.

te más de una década construyó 10 naves llamadas *Mariner* cuya misión sería explorar los planetas Venus, Marte y Mercurio por primera vez. Estas sondas eran de tamaño más bien pequeño, pesaban media tonelada y se lanzaban con la ayuda de un cohete *Atlas*.

A ver quién llega antes

Eran tiempos de guerra fría y la carrera espacial entre Estados Unidos y la Unión Soviética ejercía un presión adicional en el trabajo de los ingenieros. Los rusos habían ganado la primera batalla, enviando en 1961 la sonda *Venera* a 100.000 km de Venus, pero sin mandar datos. Ese mismo año, los soviéticos también se habían adelantado con la puesta en órbita del primer hombre, Yuri Gagarin, el 12 de abril de 1961. La NASA necesitaba un golpe de efecto y paralelamente a su empeño en poner el primer hombre en la Luna, empezó a desarrollar la sonda espacial *Mariner 1*.

El cohete se inclina

El lanzamiento de esta pionera misión estaba previsto para el 22 de julio de 1962. Todo iba bien en Cabo Cañaveral y desde la sala de control contemplaban orgullosos el despegue de la sonda. De repente, a los 4 minutos y 53 segundos, observaron una inesperada inclinación del cohete. La nave podía caer en el océano, cerca de las transitadas rutas trasatlánticas. Para evitar malos mayores, se ordenó su autodestrucción unos seis segundos antes de que soltase la sonda. Si hubiesen esperado un poco más, el cohete no podría haber sido destruido.

Las posteriores investigaciones aclararon qué había ocurrido. Algo tan sencillo pero tan fatal como un fallo de programación. La omisión de un simple guión durante la transcripción informática al programa de guiado del cohete provocó que éste modificase su trayectoria para compensar el error. Este fallo, junto a las pérdidas temporales de contacto entre el satélite y la base de operaciones, provocaron el costosísimo fracaso de la operación.

«Bichos» informáticos

La comunidad científica llama «bugs» (bichos) a estos fallos de programación. Durante décadas, han traído de cabeza a los informáticos y muchos han provocado auténticos desastres. Además de la sonda *Mariner 1*, aquí tienes algunos de los más sonados:

Lanzamiento del *Mariner 1* en 1962, primera misión del programa Mariner estadounidense para sobrevolar Venus. Un pequeño error en las instrucciones del cohete hizo que se desviara del rumbo, y tuvo que ser destruido antes de salir de la atmósfera terrestre.

- El primer *bug* que dio nombre a este tipo de fallos ocurrió en 1947. Por aquel entonces, un equipo de ingenieros trabajaba en el laboratorio de cálculo de la Universidad de Harvard. Cuando trataban de averiguar la causa de un fallo en un ordenador (el viejo **Mark II**, una mole de 5 metros de largo), descubrieron que una polilla se había colado entre los contactos de la computadora. El insecto en cuestión pasó a la historia al ser literalmente pegado en una hoja del cuaderno de incidencias acompañado de la siguiente observación: *First actual case of bug being found* (primer caso real de bicho encontrado). De ahí el nombre de *bug*. Actualmente, la polilla, junto con la hoja de anotaciones, está expuesta en el Museo Naval Surface Warfare Center Computer de Dahlgren, en Virginia (EE UU).

No hay que ser pesimistas. A pesar de los errores iniciales, los cohetes *Ariane 5* despegan de cinco a siete veces al año y han colocado decenas de satélites en órbita terrestre.

- Entre 1985 y 1987, un deficiente software en el acelerador **Therac-25** (utilizado en terapia radiológica) provocó varios casos de sobredosis masiva de radiación (100 veces la dosis esperada) con resultado de muertes y graves lesiones en centros de EE UU y Canadá.

- Otro ejemplo documentado de daño ocasionado por software mal diseñado es el de la explosión de la lanzadera **Ariane 5**. Ocurrió el 4 de junio de 1996 cuando, a los 40 segundos de iniciar la secuencia de despegue, la nave se desvió de su ruta, se partió en dos y finalmente explotó. Diez años de construcción y 7.000 millones de euros a la basura por un fallo en el software de guiado inercial.

- En 1990, otro malicioso *bug* dejó a millones de personas en Estados Unidos, sin poder realizar llamadas internacionales y de larga distancia. La causa fue un colapso informático de los ordenadores centrales de la American Telephone & Telegraph Company (**AT&T**), la compañía telefónica más importante del mundo. Un *bug* en el software que controlaba los conmutadores de las llamadas de larga distancia provocó una histórica caída del sistema de comunicaciones. Fue tal el desbarajuste, que las autoridades llegaron a sospechar que se trataba de un boicot terrorista.

- El **Y2K** o Efecto 2000 fue un *bug* o error de software causado por la costumbre que habían adoptado los programadores de omitir el año para el almacenamiento de fechas en sistemas informáticos y electrónicos. Este método de trabajo se popularizó en los años 60 cuando los ordenadores todavía tenían poca capacidad de memoria. Al acercarse el nuevo milenio, empezó a temerse que dichos sistemas podrían tener serias dificultades a la hora de reconocer la nueva fecha. La corrección de este problema costó miles de millones de dólares en todo el mundo y finalmente las consecuencias fueron mínimas. Llegó a crearse un Centro Internacional de Cooperación por el Efecto 2000, donde más de 200 países debían reportar un informe acerca de los problemas detectados durante el 1 de enero de 2000. Las incidencias más relevantes afectaron a tres centrales nucleares japonesas y ocho norteamericanas, aunque sus fallos fueron de poca gravedad. Eso sí, la literatura más catastrofista hizo el agosto y medio mundo vivió pendiente del tema hasta que amaneció el día 2 y todo seguía igual que siempre.

Ya que no era posible vender el fin del mundo con el cambio de milenio, porque ¿a qué hora, la de Nueva York o la de Pekín? e incluso teniendo en cuenta que no es el mismo año para todas las culturas, a la prensa le quedaba el miedo al caos por un fallo informático.

¡Cómo se mueve este puente!

ERROR: Para darle una aspecto más liviano y elegante, el ingeniero colocó vigas horizontales de 2,4 m de espesor en lugar de las vigas de 7,6 m previstas por seguridad.

¿Cuándo?
7 de noviembre de 1940, un día con rachas de viento de 65 km/h.

¿Quién?
Leon Moisseiff, ingeniero jefe encargado del proyecto.

Consecuencias
El puente de Tacoma se desplomó espectacularmente sobre las aguas del río Narrows. No hubo víctimas mortales, salvo un perro aterrorizado que no pudieron hacer salir del coche. Tras el accidente, la forma de las vigas, su grosor y el diseño estructural de los puentes colgantes se varió para adaptarlo a las rachas fuertes de viento.

Tacoma es una pequeña ciudad del estado de Washington que tiene el sobrenombre de Ciudad del Destino. Es famosa por el puente colgante que se cayó en 1940. En 1950 se construyó otro puente, más rígido, de 1.822 m de longitud.

Los puentes de suspensión se llaman así porque tanto la carretera como la estructura y los vehículos que cruzan están literalmente colgados (o sea, suspendidos) en el aire. Una maravilla de la ingeniería que se consigue mediante una calculadísima combinación de fuerzas a través de una serie de vigas horizontales, gruesos cables y sólidas torres verticales. Lo que más llama la atención de este tipo de puentes es su flexibilidad. Al ser tan largos y delgados, es fácil que muestren ligeros movimientos y oscilaciones. Todo está controlado y el mayor problema es el susto que pueda llevarse la gente al cruzarlos durante un día de fuerte viento.

La opción más barata

Pero en el caso del famoso Puente de Tacoma, toda esta teoría se fue al garete, o mejor dicho, al fondo del río que discurría por debajo...

Así empezó la historia de una de las meteduras de pata más sonadas en la historia de la ingeniería. En la década de los 30, los condados de Tacoma y Pierce, en el estado norteamericano de Washington, empezaron a moverse para la

construcción de un puente que cruzara el cauce del río Narrows y así facilitar la comunicación entre ambas ciudades. Recién salidos de la crisis económica que sacudió el país en 1929, conseguir financiación era un pelín complicado.

Tras varios proyectos, las autoridades se decidieron finalmente por la opción barata, la presentada por el ingeniero de Nueva York, Leon Moisseff. Además, este diseñador ofrecía grandes garantías de éxito, pues hacía poco que había firmado su proyecto estrella, el famoso Golden Gate Bridge, todo un símbolo de la ciudad de San Francisco.

Debido a su fama, le dieron carta blanca y lo primero que hizo fue reducir el grosor recomendado de las vigas horizontales que se ubicaban debajo del puente para asegurar su rigidez. Sin tener en cuenta el riesgo que comportaba, Moisseff propuso utilizar vigas más esbeltas, de sólo 2,4 m de espesor (en lugar de los 7,6 m habituales en este tipo de construcciones). Según su propuesta, el puente sería más delgado y elegante, y además se reducirían los costes de construcción. ¡Mágicas palabras! Las autoridades estaban encantadas con ese ahorro en los presupuestos y dejaron que continuara con su arriesgada obra.

El 14 de octubre de 1950 se inauguró un puente nuevo, con una estructura de entramado abierto para que pasara el viento. En 2002 se abrió al tráfico el segundo puente, paralelo al primero, para eliminar los atascos que desde el principio colapsaban el paso de vehículos.

Una montaña rusa

El puente se terminó en el plazo previsto y pocos días después de la inauguración (el 1 de julio de 1940) ya empezaron los problemas. El puente se deformaba y ondulaba peligrosamente aún en condiciones de viento relativamente benignas para la zona. La calzada se elevaba y descendía alternativamente en ciertas zonas del puente. Movimiento oscilante que podían comprobar los propios conductores, cuando veían a los vehículos que se aproximaban desde la otra dirección desaparecer y aparecer en hondonadas. Debido a este efecto, la gente de la zona acabó apodándolo con el sobrenombre de *Galloping Gertie* (Gertrudis galopante).

Más que un simple puente aquello era una atracción turística y la gente acudía de todas partes para experimentar aquella especie de montaña rusa. Estas oscilaciones se producían debido a la vibración de los vehículos, que provocaba un efecto físico conocido como resonancia mecánica. Moisseff lo consideraba normal y aseguraba que la estructura del puente no corría peligro.

El colapso

Cuatro meses después, el 7 de noviembre de 1940, un viento lateral de intensidad moderada (unos 65 km/h) bastó para hacer que el puente flamease como una gigantesca bandera, hasta terminar partiéndose en pedazos. Al poco grosor de las vigas horizontales se sumó la longitud de la estructura (el tercero de su época) y la nula importancia que se le dio a la aerodinámica en este tipo de obras. En ningún momento se consideró la resistencia al viento, y ese grave error, sumado a su falta de rigidez, terminó colapsando el puente de Tacoma. La espectacular destrucción del puente se utiliza como elemento de reflexión y aprendizaje en cuanto a la necesidad de considerar los efectos de aerodinámica y resonancia en la concepción de estructuras de ingeniería civil.

Más que un simple puente aquello era una atracción turística y la gente acudía de todas partes para experimentar aquella especie de montaña rusa. Estas oscilaciones se producían debido a la vibración de los vehículos, que provocaba un efecto físico conocido como resonancia mecánica. Moisseff lo consideraba normal y aseguraba que la estructura del puente no corría peligro.

Antes de desplomarse sobre el río, el puente estuvo varias horas sufriendo violentas sacudidas. Finalmente, el tramo central, de 850 metros de largo y 11.000 toneladas de peso, se desplomó con estruendo sobre las aguas, ante la mirada de un gran número de testigos que se habían acercado al lugar al enterarse de la clausura preventiva del puente. Existe incluso una filmación colgada en Internet donde puede contemplarse la impactante oscilación y destrucción final del puente.

En esta portada de un diario local aparece señalado con una flecha el vehículo que se quedó en el puente y que acabaría cayendo al agua con el perro que no hubo manera de sacar. Ninguno de los dos fue encontrado.

MEDIO AMBIENTE

Me pareció ver un lindo conejito

ERROR: Introducir 24 conejos salvajes procedentes de Inglaterra en un continente que no contaba con esta especie como animal autóctono.

¿Cuándo?
1859.

¿Quién?
Thomas Austin, granjero y cazador australiano.

Consecuencias
Cerca de 300 millones de conejos salvajes campan a sus anchas por Australia. Una devastadora plaga que cuesta a los agricultores cerca de 90 millones de dólares al año y destruye millones de hectáreas de pastos.

Según la Organización para la Agricultura y la Alimentación (FAO), la invasión de conejos en Australia ha sido la más rápida jamás registrada por un mamífero en ningún continente. Todo empezó en 1859, cuando a un emprendedor granjero australiano, Thomas Austin, se le ocurrió que cruzar conejos podría ser un negocio rentable para los colonos. Así que se trajo 24 conejos salvajes de Inglaterra y empezó a cruzarlos con conejos domésticos de la misma especie.

En 1950 se introdujo una violenta cepa de mixomatosis en Australia que redujo la población de conejos de 600 a 100 millones. En la imagen, un grupo de inocentes conejos rodeando un balsa infectada en la isla de océano, en la península de Yorke.

Al principio correteaban en un pequeño corral vallado de Barwon Park, al sureste de Melbourne. Pero ya se sabe que estos animalitos son sexualmente muy activos y aquello pronto se les quedó pequeño. Poco a poco fueron saliendo al exterior y, una vez libres, empezaron a establecerse por su cuenta, creando gigantescas colonias silvestres. Aún en las peores condiciones, un ejemplar hembra de conejo es capaz de dar cuatro o cinco camadas de ocho crías por año. Si multiplicamos esta cifra por los miles de conejos asilvestrados, el impacto es elevadísimo.

Guerra al conejo

Hartos de verlos corretear a sus anchas, los australianos declararon la guerra a este roedor. Empezaron con los métodos convencionales de control de poblaciones (trampas, venenos, alambradas y liberación de predadores). Ni caso; los conejos seguían a la suya, o sea, comiendo y criando, comiendo y criando…

En 1950, pasaron al plan B: el control biológico de la especie mediante la introducción del virus de la mixoma-

Dibujo de John Tenniel para la primera edición de *Alicia en el país de las maravillas*, en 1865. El Conejo Blanco se ha convertido en todo un símbolo, muy respetado en Inglaterra y Estados Unidos, pero desde luego no en Australia.

tosis. Se trata de una enfermedad infecciosa que afecta a los conejos y que se los lleva por delante en apenas un par de semanas. Al principio, la estrategia parecía funcionar. En dos años, la población de conejos se redujo drásticamente de 600 a 100 millones de ejemplares. Pero al cabo de un tiempo, los conejos fueron haciéndose más resistentes al virus y volvieron a las andadas. Actualmente, la población de conejos en Australia vuelve a rondar los 300 millones de ejemplares y sigue creciendo.

Otras plagas

A los australianos no les viene de nuevo esto de las plagas. En el pasado, han tenido que afrontar emergencias por el desproporcionado número de caballos, cerdos, zorros, búfalos y hasta sapos. Muchas de estas especies no son nativas y en su momento fueron importadas para labores domésticas o curiosamente para controlar el desmedido crecimiento de otras especies. Actualmente, hay casi una veintena de especies vertebradas que se han convertido en plaga debido al alto impacto que tienen.

El último en amenazar el ecosistema del país ha sido el camello salvaje. Más de un millón de estos animales campan a sus anchas por Australia y se han convertido en un verdadero quebradero de cabeza. Estos animales fueron introducidos en Australia en 1840 para ser usados como medio de transporte en la exploración del interior del territorio. Se calcula que hasta 1907 fueron importados entre 10.000 y 20.000 ejemplares.

A simple vista parecen simpáticos, pero llegan a consumir hasta el 80 por ciento de los alimentos disponibles en el desierto. Además, cada uno puede ingerir 200 litros de agua en tan sólo 3 minutos. Las autoridades ya han puesto en marcha una operación para reducir su población... a balazos. Suena un poco cruel, pero consideran que ésta es la mejor forma de controlar a una especie que podría duplicarse en poco menos de 10 años.

Especies invasoras

A lo largo de la historia, hay varios casos de especies introducidas que han acabado dañando seriamente el ecosistema de la zona. Ya sea de forma intencionada o por puro azar. Por ejemplo, en España se han catalogado un total de 20 especies (animales y vegetales) dañinas. Ahí van algunos ejemplos:

- **Visón americano.** Se introdujeron en las granjas peleteras, pero algunos ejemplares se escaparon y hoy dicha colonia se ha convertido en un fuerte competidor para los visones europeos. Los americanos son de mayor tamaño, más agresivos y adaptables. Esto hace que la especie europea se encuentre ahora al borde de la extinción.
- **Malvasía canela.** Este (aparentemente) inofensivo pato está colonizando todo el sur de Europa. Cosa que hace muy a pesar de otro familiar suyo, la malvasía cabeciblanca.

- **Lucio.** Este enorme y voraz pez es toda una amenaza para un buen número de especies autóctonas, pues se alimenta de todo tipo de peces y anfibios. Procede de Europa central y se introdujo en el río Tajo hacia finales de los años 40.
- **Cangrejo rojo americano.** Parece que las especies americanas la han tomado con Europa. Concretamente, en España, supone una seria amenaza en los arrozales del Delta del Ebro y la Albufera valenciana. Allí su presencia llega a los 500 kg por hectárea, devorando los brotes de esta planta y provocando millonarias pérdidas a los agricultores.
- **Mejillón cebra.** Originario de los mares Negro y Caspio, este mejillón viaja por todo el mundo pegado al casco de las embarcaciones. Su proliferación descontrolada y masiva provoca graves pérdidas de hábitat y costosos daños en infraestructuras (ciega todo tipo de tuberías de riego y abastecimiento).

Cómo arrasar una isla

ERROR: Sobreexplotar los ricos yacimientos de fosfato de Nauru hasta la extenuación.

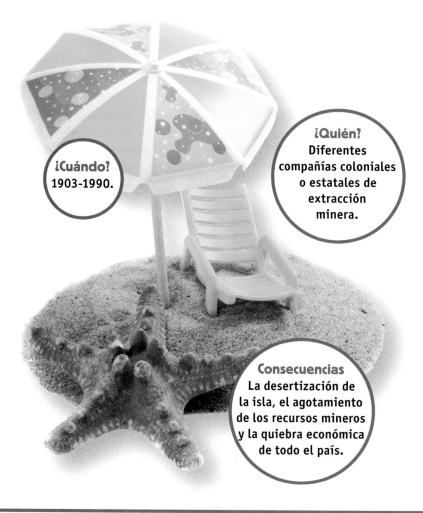

¿Cuándo?
1903-1990.

¿Quién?
Diferentes compañías coloniales o estatales de extracción minera.

Consecuencias
La desertización de la isla, el agotamiento de los recursos mineros y la quiebra económica de todo el país.

A comienzos del siglo XX, Nauru era un pequeño paraíso perdido en medio del Pacífico. Esta bella isla rodeada de arrecifes tenía su propio tesoro en forma de un valioso mineral: el guano. Durante siglos, millones de aves de paso habían depositado sus excrementos en su superficie. Con el paso de los milenios, estos restos fueron transformándose en un fosfato agrícola de altísima calidad que iba a traer la fortuna (y el infortunio) a las gentes del lugar.

Atraídos por semejante gallina de los huevos de oro, empezaron a instalarse empresas mineras de medio mundo. Durante las décadas siguientes, llegaron a extraerse más de seis millones de toneladas de fosfatos. Aquello parecía no acabarse nunca y los nauruanos se convirtieron en una especie de emires del Pacífico, gracias a su único pero rentable recurso natural.

Y es que este fosfato constituyó casi la única fuente de recursos de la isla durante un siglo y aseguró a los nauruanos un nivel de vida muy elevado durante varias décadas. No existía el desempleo, los trabajadores no pagaban impuestos y los servicios sociales eran totalmente gratuitos. Los elevadísimos ingresos convirtieron a la isla en uno de los países con mayor renta per cápita del mundo. Pero todavía querían más. Con el fin de potenciar su economía, Nauru se convirtió en un paraíso fiscal en la década de 1990.

La isla de Nauru a vista de satélite. Apenas tiene 21,5 km² y su única riqueza son los fosfatos que se exportan a Australia y que están a punto de acabarse.

Arriba, una planta procesadora de fosfatos. **Abajo,** el resultado de la explotación. Los fostafos minerales se usan directamente en agricultura ecológica y se procesan para la agricultura convencional, para obtener superfostafos. En la actualidad, están en declive en todo el mundo.

La bancarrota

La intensidad de las extracciones hizo que el fosfato se agotara poco a poco. Raspada hasta los huesos, el ecosistema de la isla se fue degradando de forma irreversible. Actualmente, el 90 por ciento de la parte central de la isla es una planicie desértica no cultivable, cosa que limita aún más los recursos que el país posee. El 80 por ciento de Nauru ha quedado completamente devastado. Allá donde vas te encuentras con un terreno estéril de pináculos de caliza dentados de hasta 15 metros de altura. Además, la minería intensiva también ha provocado un fuerte impacto sobre la vida marítima, que se ha visto reducida en un 40 por ciento.

Según informes oficiales consultados, actualmente, el gobierno de la isla no dispone de fondos para la gestión de los servicios públicos básicos. La mala gestión económica general y la falta de planificación de fuentes alternativas de riqueza han provocado una situación insostenible. Nauru tiene ahora la tasa de deflación más baja del mundo, situándose en el -3,6 por ciento.

Desde hace unos años, las posibilidades de diversificación de fuentes económicas se encuentran profundamente erosionadas, con un patrimonio desaparecido o completamente hipotecado. Actualmente, la economía se encuentra en proceso de transición a la era pos-fosfatera. Las posibilidades de crecimiento son limitadas dado su escaso potencial agrícola y de servicios.

Arenibek, en la isla de Nauru, en 1896, antes de la explotación que destruyó la isla en aras de la extracción de fostafos. Era el típico paraíso polinesio, donde los bienes materiales no tenían importancia. La explotación empezó en 1903.
Se enriquecieron rápidamente, pero la mala gestión acabó por empobrecerlos de nuevo.

Con un medio ambiente destrozado, Nauru no dispone ni de espacio arable ni de fuentes de agua, dependiendo completamente de Australia para su supervivencia alimentaria. Su carencia de puertos naturales obliga a que las provisiones deban ser transportadas por vía aérea o por vía marítima hasta anclajes en alta mar y de allí en pequeñas barcas a tierra.

La codicia induce a cometer errores

La búsqueda de petróleo barato y su transporte de los pozos a las refinerías ha causado más de un desastre ecológico de proporciones gigantescas, debido a errores que podrían haberse evitado. De muchos de ellos apenas se habla porque depende del lugar afectado y de las circunstancias; por ejemplo, el mayor derrame se produjo en el Golfo Pérsico en 1991, durante la guerra. Nada menos que 1.771.000 toneladas, frente a las 37.000 del *Exxon Valdez* en Alaska en 1989. Se calcula que el derrame de la plataforma *Deepwater Horizon* en el Golfo de México en 2010 superará las 600.000 toneladas. Un error provocó una explosión mientras acababan de perforar un pozo a 1.500 metros de profundidad. Once personas desaparecieron, la plataforma se hundió y el petróleo empezó a manar de forma descontrolada. La gestión del accidente ha supuesto un error tras otro.

El día en que el mar se tragó la tierra

ERROR: No contar con un sistema de alerta de tsunamis en todo el océano Índico, con el consiguiente riesgo de verse sorprendidos por un repentino maremoto.

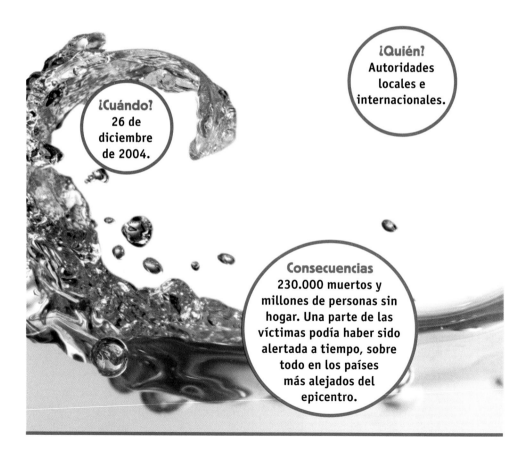

¡Quién?
Autoridades locales e internacionales.

¡Cuándo?
26 de diciembre de 2004.

Consecuencias
230.000 muertos y millones de personas sin hogar. Una parte de las víctimas podía haber sido alertada a tiempo, sobre todo en los países más alejados del epicentro.

«Se podrían haber salvado muchas vidas si hubiera existido una red de alerta contra los maremotos como la que existe en el océano Pacífico. La ola gigante tardó dos horas en llegar a Sri Lanka, tiempo suficiente para actuar.»

Sálvano Briceño, Director de Estrategia Internacional para la Reducción de Desastres de la ONU

Pocos minutos antes de las ocho de la mañana del 26 de diciembre de 2004, un fortísimo terremoto submarino con epicentro al oeste de Sumatra (Indonesia) ocasionó el tristemente recordado tsunami asiático. El seísmo provocó una serie de olas gigantes devastadoras a lo largo de las costas de los países que bordean el océano Índico. En pocas horas hubo 230.000 víctimas y provocó el desplazamiento de miles de personas en las costas de Asia y África Oriental. Olas de hasta 5 metros arrasaron la costa de Indonesia; la onda expansiva de las olas gigantes llegó a Tailandia, Sri Lanka y algunos archipiélagos indios como Andaman y Nicobar. Seis horas después, las olas alcanzaron las costas africanas de Somalia y Kenia. El tsunami asiático acababa de convertirse en uno de los desastres naturales más mortales de la historia moderna.

Habían pasado muchos años, la población había ocupado las costas, no se producía un tsunami hacía siglos, los sistemas de alarma no estaban preparados y tampoco había ningún sistema de emergencias y evacuación ensayado.

Sin red de alerta

La cifra de muertos fue particularmente alta por ser la primera vez en más de 100 años que un tsunami en el océano Índico afectaba las costas, con lo cual, los países

Mientras el maremoto asolaba las costas, se realizaron impresionantes reportajes que han aparecido en todos los medios de comunicación.

afectados estaban poco preparados para ello. A pesar de que resulta imposible proteger completamente cualquier costa del impacto de los tsunamis, pronto se levantaron las primeras voces críticas. Nadie había alertado a tiempo a la población, debido en gran parte a la ausencia de sistemas de alerta en el Índico. Mientras que los países ribereños del Pacífico llevaban años dotados con un sistema de boyas que avisa del paso de maremotos, no ocurría lo mismo en el Índico. Allí se defienden mejor de los efectos de los monzones y los ciclones tropicales. Pero no existía ningún sistema de avisos en caso de maremoto. Mediante paneles informativos, educación ciudadana y una red de alerta, los grandes maremotos de las últimas décadas habían causado menos víctimas entre la población costera del Pacífico. La ONU llevaba años insistiendo en la necesidad de poner en marcha una red de alertas en el Índico y en otras zonas de un planeta con un 60 por ciento de la población viviendo junto a la costa.

A las de este organismo se sumaron las críticas de diferentes sectores ecologistas. Éstos afirmaron que, entre otras cosas, la muerte de los arrecifes de coral por el cambio climático y la tala de los manglares para criar langostinos y gambas, habían aumentado los efectos del maremoto. Según los expertos, parece que el arbolado costero de los manglares, unido al efecto barrera de los arrecifes de coral, podrían haber tenido algún efecto de frenado sobre la ola gigante, que en algunos puntos alcanzó los 12 metros de altura.

Una red de alerta que quizá no hubiera servido de nada a la población de Indonesia, pues la ola gigante llegó en pocos minutos. Pero en países como Sri Lanka o la India, el tsunami tardó casi dos horas en hacer acto de presencia. Un buen sistema de prevención hubiera alertado a la población, que podía haberse refugiado a tiempo del mortal maremoto.

Las costas de Sumatra devastadas por el tsunami del océano Índico en 2004, el más devastador de la historia, con más de 230.000 víctimas. También ha sido la catástrofe natural que ha suscitado más ayudas del mundo entero.

El error fue subsanado

En octubre de 2009 se llevó a cabo con éxito el primer simulacro de alerta contra un tsunami a escala real en el océano Índico. En la prueba participaron 18 países ribereños del Índico y permitió probar y evaluar el nuevo Sistema de Alerta contra los Tsunamis y Atenuación de sus Efectos en el Océano Índico (IOTWS), creado por la Comisión Oceanográfica Intergubernamental (COI) de la UNESCO. Este sistema está compuesto por redes sismográficas perfeccionadas, redes de mareógrafos que transmiten datos en tiempo real y captores de presión en aguas profundas, así como de centros nacionales de alerta conectados con sistemas nacionales de gestión de catástrofes. Desde entonces se ha advertido de varios posibles tsunamis y se han tomado las medias oportunas.

¿Estribor o babor?

ERROR: Diferentes errores de marcación y cinemática por parte de ambos capitanes y conclusiones muy diferentes en cuanto a la posición de sendos barcos. Mientras que el buque sueco viró a estribor tal y como marca el reglamento de prevención de abordajes, xel italiano erró y lo hizo a babor.

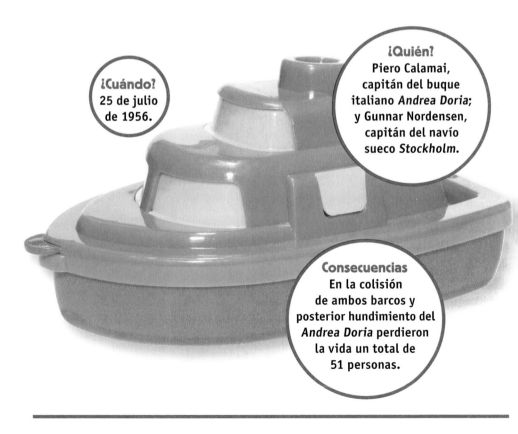

¿Cuándo?
25 de julio de 1956.

¿Quién?
Piero Calamai, capitán del buque italiano *Andrea Doria*; y Gunnar Nordensen, capitán del navío sueco *Stockholm*.

Consecuencias
En la colisión de ambos barcos y posterior hundimiento del *Andrea Doria* perdieron la vida un total de 51 personas.

«Cuando dos buques de propulsión mecánica naveguen de vuelta encontrada, con rumbos opuestos o casi opuestos existiendo peligro de abordaje, cada uno caerá a estribor, dejando al otro a babor.»

Reglamento Internacional
de Prevención de Abordajes (RIPA)

A fines de la década de 1940, Italia quería demostrar al mundo entero su poderío económico y social. Para ello, la Società di Navigazione encargó a los astilleros Ansaldo (en Sestri Ponente) la construcción de dos barcos que reflejaran dicho esplendor. La cosa llegó a buen puerto y finalmente vieron la luz dos espléndidos buques: *Andrea Doria* y *Christoforo Colombo*, en honor a los dos marinos genoveses más ilustres de la historia. El primero de ellos fue botado el 10 de junio de 1951. Medía 212 metros de eslora y desplazaba un peso de casi 30.000 toneladas. Con capacidad para acomodar a más de 1.200 pasajeros, fue decorado con detalles lujosos de la época. Disponía de 3 piscinas exteriores (una para cada clase: primera, camarotes y turista), 3 salas de cine y varias *suites* de primerísima clase. Eso por fuera; por dentro, iba equipado con lo último en tecnología de navegación y un casco con 11 compartimentos estancos que lo hacían «insumergible». O eso creía su capitán, el veterano Piero Calamai, hasta que llegó la noche del 25 de julio de 1956. Ese día, el *Andrea Doria* navegaba a unas 160 millas del puerto de Nueva York y se estaba acercando al barco-faro de Nantucket. El oficial al mando controlaba la aparición de dicho faro en la pantalla del radar para pasar cayendo a babor y dejarlo al norte. Esta maniobra era muy habitual tanto para los buques que se dirigían a Nueva York como para los que salían de su puerto. Y eso mismo estaba haciendo el buque de pasajeros *Stockholm* de la Swedish-American Line. Su capitán era una tal Gunnar Nor-

Neptuno se cobró su tributo la noche del 25 de julio de 1956. Estatua de Angelo Bronzino, 1550.

densen y habían zarpado de Nueva York poco antes del mediodía rumbo a la ciudad sueca de Göteborg. Su barco era más pequeño, pero su proa iba fuertemente reforzada para hacer frente a los hielos que a menudo encontraba en sus recorridos. Su eslora medía 160 metros y tenía capacidad para unos 800 pasajeros.

Cambios de rumbo

Hacia las 9 de la noche, el comandante sueco ordenó un cambio de rumbo de tres grados a babor, a fin de que el buque pasase más cerca del faro de Nantucket. Ambos buques estaban siguiendo su recorrido habitual por una ruta bien conocida. Poco antes de las 11 de la noche, en el puente de mando del *Andrea Doria* observaron la señal de un buque abierto cuatro grados a estribor acercándose a unas 17 millas. En un principio, Calamai estimó que ambos pasarían sin riesgo estribor con estribor. La reglamentación internacional establece que «cuando dos buques de propulsión mecánica naveguen de vuelta encontrada, con rumbos opuestos o casi opuestos existiendo peligro de abordaje, cada uno caerá a estribor dejando al otro por babor». Pero de repente vio que la distancia de separación sería muy justa y por seguridad ordenó un cambio de rumbo de 4 grados a babor.

El SS *Andrea Doria* era el barco italiano más grande de su tiempo. Había sido botado en 1951 y su característica principal era el lujo, ya que tenía tres piscinas y diez cubiertas, y estaba lleno de obras de arte. Por contra, el MS *Stockholm* sueco, de 1948, era el crucero más pequeño que operaba en el Atlántico Norte.

Colisión

Alrededor de las 11 de la noche, el *Andrea Doria* atravesaba una zona de espesa niebla y con escasa visibilidad. Otra regla de navegación indica que en tales circunstancias «los buques irán a velocidad reducida». Efectivamente, el capitán Calamai ordenó reducir la marcha, pero aún así mantuvo una velocidad superior a los 21 nudos.

Mientras, el radar de los suecos también había detectado la presencia del *Andrea Doria*. Estos navegaban en zona de neblinas y también montaron guardia a babor por si detectaban la proximidad peligrosa de algún buque. De repente, el marinero de guardia sueco gritó: «¡Luces a babor!». Estaban muy cerca y rápidamente se ordenó girar 20 grados a estribor. Las luces se acercaban y el timonel sueco comprobó aterrado la presencia de una luz verde. Aquello significaba que el otro buque no le presentaba el costado de babor como pensaba, sino el de estribor. El *Andrea Doria* maniobraba cortándole la proa y así era casi imposible sortearlo. Ordenó girar todo a estribor y dar marcha atrás a toda máquina esperando, en vano, poder detener el buque a tiempo.

Ninguna maniobra de los buques evitó el desastre. Hacia las once y cuarto de la noche, la afilada proa reforzada del *Stockholm* envistió con fuerza el lado de estribor del *Andrea Doria*. La colisión provocó un enorme boquete de casi 30 metros de diámetro en un costado del buque italiano. Éste empezó a escorarse hasta alcanzar unos imposibles 20 grados a estribor, seguramente por un error en el lastrado. Esta operación consiste en llenar de agua los tanques a medida que se va consumiendo el combustible para compensar la flotabilidad. El buque empezó a hundirse poco a poco.

Faro de Nantucket, en la isla del mismo nombre junto a Cape Cod, en Massachusets, Estados Unidos. Fue la última luz procedente de tierra que se avistó desde el *Andrea Doria* antes de su hundimiento.

51 víctimas

La cercanía a la costa y la abundancia de barcos en la zona posibilitaron que en cuatro horas fueran rescatados la mayoría de pasajeros y tripulantes. Entre ambos buques sumaban un total de 1.705 personas a bordo. Perdieron la vida 51 pasajeros, 5 del *Stockholm* y 46 del *Andrea Doria*. El buque italiano reposa a 90 m de profundidad sobre un banco liso de arena, recostado en un ángulo de 22° sobre estribor, ocultando el agujero hecho por el *Stockholm*. Cada año es visitado por cientos de submarinistas, aunque con el paso de los años parece que la estructura del buque se ha desmoronado por completo.

Nunca despegues sin permiso

ERROR: Despegar sin permiso de la torre de control mientras había otro avión en la pista.

¿Cuándo?
27 de marzo de 1977.

Consecuencias
En la brutal colisión perdieron la vida 583 personas. Desde entonces, se produjeron una serie de cambios en cuanto a las regulaciones internacionales. A partir del trágico accidente todas las torres de control y pilotos deben usar frases comunes en inglés y se instalaron métodos de navegación automáticos para niebla en todos los aviones. Los radares de tierra, inexistentes en pistas que no fueran de grandes ciudades como Londres, Nueva York o París, también empezaron a ser incluidos en la mayoría de aeropuertos.

¿Quién?
Jacob Van Zanten, comandante del vuelo KLM 4805 y Victor Grubbs, comandante del vuelo PAA 1736 protagonizaron uno de los accidentes aéreos con mayor número de víctimas mortales en la historia de la aviación (aeropuerto de Los Rodeos, Tenerife).

Representación del
accidente entre los dos
Boeing 747 en el aeropuerto
de Los Rodeos, de Tenerife,
en 1977. El piloto holandés
de KLM no siguió las
instrucciones de la torre
de control y despegó antes
de tiempo.

Los errores humanos son los principales causantes de la
mayoría de accidentes de aviación comercial. Así ocurrió
en el trágico accidente del aeropuerto tinerfeño de Los
Rodeos, entre dos Boeing 747 de las compañías KLM (Holanda) y Pan Am (EE UU). El primero era un vuelo chárter que volaba desde el Aeropuerto Internacional de Schiphol (Amsterdam), en dirección a Gran Canaria. El
chárter americano provenía de Los Ángeles y también se
dirigía a Gran Canaria.

La desgracia empezó a gestarse cuando en la terminal de pasajeros del aeropuerto de destino estalló
una bomba colocada por el Movimiento por la Autodeterminación e Independencia del Archipiélago Canario (MPAIAC). Una segunda amenaza de bomba hizo
que el aeropuerto se cerrara temporalmente, y ambos
vuelos fueron desviados a Los Rodeos, en la vecina isla
de Tenerife.

Por aquel entonces, el aeropuerto tinerfeño todavía
era muy pequeño para soportar demasiado tráfico aéreo.
Tan sólo disponían de dos controladores y no contaban
con radar de tierra.

Cuadro de mandos de un Boeing. A pesar de toda la tecnología existente, que permite realizar vuelos automáticamente, la última palabra a la hora de despegar la tienen los pilotos.

Dos errores graves

El cierre en Gran Canaria duró pocas horas y finalmente se reabrió el aeropuerto. Entonces, el avión americano solicitó permiso para el despegue hacia su destino. Cosa que, de momento no podía hacer, porque el vuelo KLM 4805 bloqueaba la salida a la pista. Ambos vuelos habían recibido la instrucción de desplazarse por la pista de aterrizaje, en lugar de hacerlo por la de rodadura, debido a la congestión provocada por el desvío de vuelos desde el aeropuerto de Gran Canaria.

El Boeing holandés acababa de repostar, llenando sus tanques con 55.000 litros de combustible, cuando recibió permiso para desplazarse por la pista de despegue hasta el final de la misma. Mientras, Victor Grubbs, piloto del Boeing americano, recibió instrucciones para desplazarse también por la pista de despegue y abandonarla por la tercera salida para dejar paso al avión holandés.

Posiblemente a causa de la niebla, el aparato de Pan Am se pasó la tercera salida y continuó hacia la cuarta. En todo momento, el piloto americano comunicó sus movimientos tanto a la torre de control como al avión holandés que tenía enfrente. Impaciente, el piloto de KLM informó a la torre de que se disponía a despegar. El comandante no podía ver que por la misma pista se acercaba el Boeing de Pan Am, y tampoco podían hacerlo los controladores aéreos en la torre, ya que la niebla se lo impedía. Fue entonces cuando ocurrió el segundo error de gravedad: por un malentendido o por la mala calidad del sonido en las comunicaciones con la torre, que aún no había autorizado el despegue, el 747 de KLM aceleró.

Malditas prisas

La Comisión de Investigación de Accidentes de Aviación Civil (CIAIAC) también apuntó, además de la existencia de la niebla, que el piloto de KLM quería despegar rápidamente para llegar a Holanda antes de que concluyera el límite de actividad aérea en ese país, que hubo errores en el lenguaje utilizado en las transmisiones entre los aviones y la torre de control y que Los Rodeos estaba congestionado por el desvío de vuelos desde Las Palmas debido a la explosión de una bomba. Por otra parte, el piloto de Pan Am no abandonó la pista en la tercera intersección, tal como se le había indicado.

Trece segundos después (a las 17:06 de la tarde) y a unos 270 kilómetros por hora, colisionó con el aparato estadounidense.

El brutal golpe arrancó el techo de la cabina y la cubierta superior de pasajeros del Boeing americano, y la cola sufrió el impacto de los motores del avión holandés. Éste se desplomó unos 150 metros después, deslizándose por la pista otros 300 metros más, envuelto en llamas. Las 248 personas a bordo del KLM murieron en el incendio, así como 335 de las 380 personas a bordo del Pan Am, incluyendo 9 que fallecieron más tarde a causa de las heridas. Posteriormente, los expertos estimaron que sólo 25 pies más (7,62 metros) hubieran sido suficientes para evitar el desastre. Es decir, que unos pocos segundos pudieron haber evitado una de las peores tragedias, si no la peor, de la historia de la aviación civil.

Aun cuando los accidentes aéreos son mucho menos frecuentes que los que se dan en carretera, su espectacularidad y el número de muertos en un sólo desastre hace que sean mucho más mediáticos.

Medianoche en Bhopal

ERROR: Contratar personal no cualificado para una arriesgada operación de limpieza en la planta química de Bhopal (India), sin las medidas de seguridad necesarias.

¡Cuándo?
3 de diciembre de 1984.

¡Quién?
La multinacional norteamericana Union Carbide.

Consecuencias
El escape causó la muerte inmediata de 3.000 personas, según el Tribunal Supremo de la India. Entre 7.000 y 10.000 fallecieron en los días posteriores y otras 15.000 a lo largo de los 20 años siguientes.

Durante los años 50, las plagas devoradoras de cosechas causaban estragos en todo el mundo. Los agricultores contaban con pocos aliados para hacerles frente. De hecho, el más utilizado era el famoso DDT, pero empezaba a prohibirse en muchos países por su alta toxicidad. Había una necesidad imperiosa de encontrar algún producto milagroso y muchas industrias químicas trabajaban en esta línea. Entre ellas destacaba la norteamericana Union Carbide, con 130 filiales repartidas por 40 países y considerada como la tercera empresa química de Estados Unidos.

Tras años de trabajo, un equipo de químicos y entomólogos de dicha empresa dieron con la solución. Crearon el SEVIN, un pesticida económico, eficaz contra la mayoría de plagas y, lo mejor de todo, completamente inocuo para el hombre y el medio natural. Sólo había un «pero», ya que para fabricarlo había que utilizar sustancias altamente tóxicas, como la monometilamina o el gas fosgeno. La reacción de estos gases entre sí podían formar el isocianato de metilo, una de las sustancias más inestables y peligrosas de la industria química. Probado en animales de laboratorio, se descubrió que dosis mínimas de isocianato de metilo destruían por completo el aparato respiratorio, causaban ceguera irreversible y provocaban quemaduras químicas en la piel. Pero el negocio es el negocio y aquel pesticida iba a generar beneficios millonarios, monopolizando un mercado que ansiaba dar con una solución definitiva contra las plagas.

La fabricación de pesticidas es altamente peligrosa por la concentración de productos tóxicos que se necesitan.

Del cielo al infierno

En 1967, Union Carbide se instaló en la India y empezó a producir el SEVIN en una pequeña fábrica de Bhopal, en el estado de Madhya Pradesh. La demanda de pesticidas se incrementó espectacularmente y el Ministerio de Agricultura india otorgó a la empresa norteamerica-

Restos de la planta de Union Carbide en Bhopal. Las industrias químicas trasladan sus plantas a países con menos control.

na un permiso para fabricar 5.000 toneladas de pesticida. Debido a la fuerte demanda, el ritmo de producción era frenético. Pero la euforia inicial se esfumó hacia finales de la década de 1970. A mediados de esta década, la producción de SEVIN se redujo a la mitad y, poco a poco, la empresa empezó a acumular pérdidas. En consecuencia, Union Carbide se vio obligada a diseñar un plan de viabilidad y más de la mitad de los empleados fueron despedidos, sobre todo técnicos y obreros especializados que tenían los contratos más elevados. Sus funciones fueron asignadas a obreros no especializados y con poco o ningún conocimiento de química y seguridad. Además, se redujeron drásticamente los costes de mantenimiento de las instalaciones, con el riesgo que eso suponía para la seguridad de la planta.

Un error fatal

La cosa iba de mal en peor, hasta que en verano de 1984 se decretó el cierre de la fábrica y el consecuente plan de desmantelamiento de la planta. Así llegamos a la noche del desastre. A las 0:30 del 3 de diciembre de 1984, la planta de Union Carbide estaba completamente inactiva. Sólo unos cuantos obreros realizaban tareas de limpieza con agua a presión en el interior de unas canalizaciones de isocianato de metilo. El agua inyectada circulaba con fuerza por las tuberías, arrastrando todo tipo de impurezas. Los operarios ignoraban medidas de seguridad tan importantes como estancar los conductos para evitar cualquier tipo de filtración. Fatalmente, esto acabó sucediendo y el agua contaminada penetró en el interior de una cisterna que contenía 42 toneladas del inestable isocianato de metilo. En apenas unos segundos, la mezcla provocó una violenta reacción en forma de gas tóxico. Dos altas columnas a modo de geiseres se proyectaron al instante hacia el cielo de Bhopal.

Bhopal tiene más de un millón y medio de habitantes. Es una ciudad cosmopolita, de mayoría musulmana, en el centro de la India.

Una compensación ridícula

Tras el accidente, se sucedieron una serie de acusaciones y juicios. Finalmente, Union Carbide reconoció que la fábrica de Bhopal no contaba con suficientes medidas de seguridad. También salió a la luz que el personal contratado para las labores de limpieza no estaba suficientemente cualificado. La multinacional norteamericana intentó culpar a uno de sus empleados de sabotaje, pero acabó reconociendo su responsabilidad directa en el desastre. Finalmente, Union Carbide Corporation acordó con el gobierno indio una compensación por los daños que ascendió a 470 millones de dólares, una cifra seis veces inferior a la exigida por los demandantes.

La tragedia de Bhopal es la mayor catástrofe industrial del mundo. En la imagen, manifestantes pidiendo la extradición de William Anderson, presidente de Union Carbide.

Y los culpables desaparecen en la impunidad

Años después se calcula que todavía quedan 300 toneladas de residuos tóxicos en la zona afectada. Otras 10.000 toneladas de desechos tóxicos continúan enterradas cerca de la fábrica. Más de 100.000 personas siguen sufriendo problemas de salud provocados por las miles de toneladas de gases tóxicos que se liberaron en la zona.

La empresa responsable del accidente abandonó la fábrica y 16 años después fue comprada por Dow Chemicals, que se niega a asumir ninguna responsabilidad, a pesar de que siguen naciendo niños ciegos afectados por el veneno.

La compensación a las víctimas de Bhopal se limita, por el momento, al acuerdo que Union Carbide alcanzó con el gobierno indio en 1989: 470 millones de dólares de indemnización, frente a los 3.000 millones de dólares originalmente exigidos.

Esto es un simulacro...

ERROR: Violar varias reglas de seguridad que provocaron el accidente más grave en la historia de la energía nuclear.

¿Cuándo?
26 de abril
de 1986.

¿Quién?
El equipo
de administración
y operación de la
Central Nuclear
de Chernóbil.

Consecuencias
Según la OMS, se estima
que el accidente provocó
4.000 defunciones, incluyendo
50 agentes del servicio de
emergencia y 3.940 víctimas de
enfermedades causadas por la
radiación entre los 116.000
evacuados y los 270.000
residentes en las zonas más
contaminadas.

«Por vez primera nos enfrentamos a una fuerza tan terrible como lo es la energía nuclear cuando escapa a todo control.»

Mijaíl S. Gorbachov, Secretario
General del Partido Comunista
de la Unión Soviética.
14 de mayo de 1986

Fue una cadena de errores. Los operarios carecían de una formación adecuada y en ningún momento comprendieron la peligrosa naturaleza de sus acciones. El simulacro que provocó el accidente debía realizarse durante el día, cuando más ingenieros expertos estaban en servicio. Pero habría significado prácticamente una interrupción del suministro de energía de Kiev. Por el contrario, la prueba fue pospuesta hasta la noche, cuando la demanda de energía en la planta era más baja. Para entonces, los científicos expertos se habían retirado. Sólo un equipo joven e inexperto quedó a cargo del reactor nº 4. Durante los primeros diez días, se contaminaron más de 200.000 km², y se abandonaron para la agricultura 784.320 hectáreas. Aún hoy, las setas, las bayas y la caza tienen niveles altos de cesio en los bosques y montañas de la región.

Venga simulacros, hasta que...

A la 1:23 de la madrugada del 26 de abril de 1986, tuvo lugar una catástrofe sin precedentes en la historia de la industrialización. El reactor nº 4 de la central nuclear de Chernóbil sufría un grave accidente con fusión del

núcleo que provocó la liberación de toneladas de material altamente radiactivo a la atmósfera. Una cantidad 200 veces mayor que la desprendida conjuntamente por las bombas atómicas lanzadas en 1945 en Hiroshima y Nagasaki.

A unos 110 km al norte de la capital de Ucrania, Kiev, la central nuclear de Chernóbil tenía cuatro reactores a pleno rendimiento con capacidad para producir 1.000 megavatios cada uno. Eso sí, el diseño de los mismos se había quedado algo anticuado y ya no cumplían los requisitos de seguridad que en esas fechas se imponían a todos los reactores nucleares de uso civil en Occidente. Uno de los más graves es que carecía de edificio de contención, estructura de hormigón y acero cuya función es la de contener una posible fuga de gases radioactivos.

El uso de la energía nuclear como alternativa al petróleo sigue siendo objeto de debate. Pero el riesgo es demasiado grande. Un error y un país entero puede desaparecer convertido en un páramo inhabitable. Y cometer errores forma parte de la naturaleza humana.

A falta de estas medidas, los ingenieros de la sala de control se dedicaban a hacer simulacros con la intención de aumentar la seguridad de las anquilosadas instalaciones. En mala hora pues se les ocurrió cortar la afluencia de vapor al reactor para comprobar cuánto tiempo continuaría generando energía eléctrica la turbina. En caso de avería, las bombas refrigerantes de emergencia requerían un mínimo de potencia para ponerse en marcha (hasta que se arrancaran los generadores diésel) y los técnicos de la planta desconocían si, una vez cortado el vapor, la inercia de la turbina podría mantener las bombas funcionando. Como parte de los preparativos, deshabilitaron algunos sistemas de control importantísimos, incluyendo el mecanismo de apagado automático de seguridad. Se sabe que al menos seis normativas de seguridad fueron violadas durante el simulacro, incluyendo la de sacar de línea el ordenador de la central que impedía las operaciones prohibidas.

Imagen de un liquidador, uno de los héroes-voluntarios que fallecieron para poner la primera barrera a la radiación.

Envenenamiento por xenon

Tres operarios quedaron a cargo de esta arriesgada prueba: Boris Stoliarchuck controlaba las bombas de agua presurizada que refrigeraban y moderaban el reactor, Yuri Korneev, las turbinas, y Leonid Tortunoud, las barras de control del reactor. La secuencia de hechos es complicada para un neófito. En resumen, lo que ocurrió fue lo siguiente:

Al reducir la potencia del reactor hasta los 30 MW, se produjo un peligroso fenómeno conocido como envenenamiento por xenon. Varios sistemas de protección, como el de emergencia refrigerante o el de regulación de potencia, habían sido desconectados. Así que, para evitar el colapso del reactor, los operarios retiraron manualmente varias barras de control para restablecer la potencia. Con el reactor a

Uno de los helicópteros que participó en la limpieza inicial de Chernóbil. El coste de aislar el reactor ha sido impresionante.

Vivienda abandonada en la zona muerta de Chernóbil. Curiosamente, los reactores no accidentados de la central nuclear siguen produciendo electricidad para abastecer Ucrania, demasiado dependiente de esta peligrosa energía.

punto de apagarse, los operarios sacaron demasiadas barras. Las reglas de seguridad exigían que hubiera siempre un mínimo de 30 barras y en esta ocasión solamente dejaron 8. Con los sistemas de emergencia desconectados, el reactor experimentó una subida de potencia extremadamente rápida que los operadores no detectaron a tiempo. Una nube de hidrógeno empezó a formarse en el interior del núcleo, provocando una primera explosión. Era la 1:23 h de la madrugada y el estallido hizo

Radioactividad sepultada

Tras el grave accidente de Chernóbil, se empezó a construir una estructura denominada sarcófago, con la idea de envolver al reactor aislándolo del exterior. Pero, con el paso del tiempo, la obra se fue degradando por el efecto de la radiación, el calor y la corrosión generada por los materiales contenidos. Existía un grave riesgo de colapso de la estructura y urgía reforzarla. Ucrania, incapaz de obtener esa financiación en el escaso tiempo disponible, solicitó ayuda internacional. Finalmente, en 2007, se aprobó la construcción de un segundo sarcófago en forma de arca que permitirá mantener a raya posibles escapes radioactivos durante al menos 100 años más.

saltar en pedazos el techo de acero del reactor, provocando un incendio en la planta y una gigantesca emisión de productos de fisión a la atmósfera. El aire exterior penetró en el reactor y la mezcla de gases provocó una segunda explosión.

Evacuación de la población

Según los informes oficiales, más de 180 toneladas del combustible del reactor nuclear —uranio enriquecido— fueron arrojados a la atmósfera. Bomberos y operarios intentaron desde los primeros momentos de la destrucción del reactor apagar el siniestro y evitar el escape de materiales radiactivos a costa de sus propias vidas. Expuesto a la atmósfera, el grafito del núcleo ardía con violencia, la temperatura alcanzaba los 2.500 °C y el humo radioactivo se extendía en un radio de varios kilómetros a la redonda. En consecuencia, las autoridades empezaron a organizar la evacuación de la población circundante. Empezaron por la ciudad de Prípiat (fundada expresamente en 1970 para alojar a los trabajadores de la central) y continuaron días después desalojando gente en un área de hasta 36 km. Para evitar que las emisiones siguieran haciendo de las suyas, un grupo de helicópteros del ejército arrojó sobre el núcleo una mezcla de materiales absorbentes de neutrones con la intención de evitar una reacción en cadena.

Medallas otorgadas a los liquidadores, las personas que ayudaron a minimizar las consecuencias del desastre sin medios ni protección adecuados.

Hace frío, no salgas

ERROR: Ignorar los reiterados avisos de los ingenieros, que advertían sobre el posible fallo en las juntas encargadas de asegurar la perfecta estanqueidad de los cohetes. Estas juntas perdían elasticidad al ser expuestas a temperaturas bajo cero, como las reinantes en la madrugada previa al lanzamiento del *Challenger*.

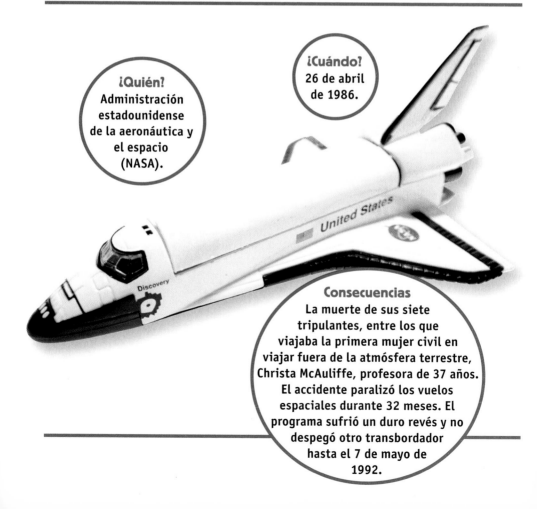

¡Quién?
Administración
estadounidense
de la aeronáutica y
el espacio
(NASA).

¡Cuándo?
26 de abril
de 1986.

Consecuencias
La muerte de sus siete
tripulantes, entre los que
viajaba la primera mujer civil en
viajar fuera de la atmósfera terrestre,
Christa McAuliffe, profesora de 37 años.
El accidente paralizó los vuelos
espaciales durante 32 meses. El
programa sufrió un duro revés y no
despegó otro transbordador
hasta el 7 de mayo de
1992.

Discovery

United States

«*Para una gestión exitosa, la realidad debe estar por delante de las relaciones públicas, porque a la naturaleza no se la puede engañar.*»

Richard P. Feynman, físico y miembro de la Comisión Rogers, creada para investigar el accidente del transbordador *Challenger*

Tripulación del Challenger. De izquierda a derecha, detrás, Ellison S. Onizuka, Sharon Christa McAuliffe, Greg Jarvis y Judy Resnik; **delante,** Michael J. Smith, Dick Scobee y Ron McNair.

A mediados de la década de 1980, el programa espacial estadounidense estaba apostando fuerte por los transbordadores espaciales. Según la NASA, eran mucho más baratos que los cohetes convencionales y harían posible el gran sueño de construir una estación espacial. Otra de sus grandes virtudes era la posibilidad de poner satélites en órbita y traerlos de vuelta a la superficie.

Vuelo del *Challenger* en 1983. Fue el transbordador más utilizado por la NASA para el transporte de satélites y partes del laboratorio espacial *Spacelab*. Realizó nueve vuelos antes de su destrucción.

Durante los años de investigación que precedieron a la puesta en marcha de esta aeronave, los ingenieros se encontraron con varios escollos. De todos, el más importante fue dar con el propulsor ideal, apostando finalmente por dos cohetes sólidos en lugar de uno solo.

Los anillos O

Cuatro compañías pugnaron por conseguir de la NASA el contrato para construir los aceleradores del transbordador. Finalmente, la empresa Morton Thiokol se llevó el gato al agua. Pero su diseño presentaba un inconveniente y es que el combustible se dividía en segmentos y había riesgo de fugas. Aquel contrato no podía perderse, así que los ingenieros de Thiokol crearon un dispositivo denominado *O-rings* (anillos O) para sellar los aceleradores. El invento empezó a probarse y pronto se descubrió que tenía fallos serios. Por ejemplo, una prueba con agua a presión demostró que un fluido podía pasar por las juntas (se supone que herméticas...) debido al fenómeno de rotación de juntas. En un lanzamiento real, el fluido serían los gases generados por los aceleradores, y su circulación podía erosionar los anillos hasta el punto de abrir un orificio al exterior. Posteriores pruebas siguieron mostrando el fallo de los anillos, pero eso no bastó para paralizar los vuelos.

Satélites en órbita

En el caso del transbordador *Challenger*, su lanzamiento era esencial en la carrera de los satélites de comunicaciones. A principios de la década de 1980, el *Challenger* participó en varias misiones del programa STS (Space Transportation System). Estos vehículos estaban diseñados para realizar aproximadamente unos 100 vuelos y al *Challenger* le quedaba cuerda para rato. Así que, en 1986, se le asignó una nueva misión: poner en órbita los satélites

TDRS-B y SPARTAN-Halley. Este último era una especie de plataforma astronómica que el transbordador soltaba en órbita y efectuaba observaciones astronómicas durante unos días. Posteriormente, la plataforma era recuperada y volvía a tierra. El *Spartan* se lanzaba para estudiar el cometa Halley, que en aquellos momentos andaba por nuestra órbita. Además, la misión serviría a la astronauta y profesora Christa McAuliffe para impartir por primera vez lecciones desde el espacio.

El *Challenger* visto a través de la niebla en el Centro espacial John F. Kennedy en Cabo Cañaveral, en la isla de Merrit, Florida. La isla tiene 55 km de largo, 10 km de anchura y 567 km² de superficie.

Dudas en la víspera del lanzamiento

Bautizaron la misión como STS-51-L, e inicialmente planificaron el despegue para el 22 de enero de 1986. La expedición sufrió hasta siete retrasos por diferentes causas (técnicas, meteorológicas…) hasta que finalmente se fijó el lanzamiento para el 28 de enero. Pero no todos lo tenían tan claro. Justo un día antes, un equipo de ingenieros de Morton Thiokol mantuvo una teleconferencia con gerentes de la NASA para evaluar el lanzamiento. A varios de ellos les seguía preocupando el funcionamiento de los famosos anillos O. Habían comprobado que dichas juntas se erosionaban peligrosamente cuando la temperatura ambiental durante el despegue bajaba de los 11,7 ºC. La noche anterior al lanzamiento se preveía que el mercurio caería hasta los -2 ºC y por lo tanto resultaba arriesgado seguir adelante con la misión. Sin embargo, la gerencia de Morton Thiokol hizo caso omiso a sus advertencias y decidieron seguir con la misión con el beneplácito de la NASA.

Durante la noche, empezó a formarse hielo en la torre de lanzamiento del Kennedy Space Center de Florida. En aquellas condiciones, era muy arriesgado mantener el lanzamiento. De hecho, por motivos de seguridad, el transbordador no podía ser lanzado a temperaturas inferiores a 0 ºC. Por la mañana y tras varias inspecciones, se comprobó que el hielo se estaba fundiendo, y se fijó la hora de lanzamiento a las 11:38.

Momento de la explosión del Challenger *en su décima misión. La cabina emergió intacta de la explosión y se desintegró al chocar contra el océano.*

Accidente televisado

En el momento de despegue, los gases calientes del acelerador derecho empezaron a salir al exterior. Tal como habían temido los ingenieros de Thiokol, los anillos O no estaban sellando correctamente los segmentos de combustible. La erosión producida por el flujo de gas provocó una grieta al exterior y empezaron a liberarse grandes cantidades de hidrógeno y más tarde de oxígeno. En pocos segundos se mezclaron, produciendo una explosión del sistema. Incapaz de controlar sus movimientos, el transbordador quedó expuesto a severas condiciones aerodinámicas y se rompió en varios pedazos. La tripulación no tuvo oportunidad de escapar de la lanzadera. Dos minutos y 45 segundos después de la desintegración, la cabina impactó contra el Atlántico a unos 300 km/h desde una altura de 14.000 metros. En esos momentos, la cadena de televisión CNN estaba retransmitiendo el lanzamiento en directo para todo el país. El impacto en los medios fue tremendo y sólo sería superado años más tarde por el triste episodio de las torres gemelas.

Después del accidente, se constituyó la llamada Comisión Rogers que, tras varias pesquisas, determinó la causa del fallo: efectivamente, había sido el mal funcionamiento de los anillos. La NASA entonó el *mea culpa*, rediseñó la nave (especialmente los aceleradores) y redujo el número de vuelos por año. Pero no parece que hiciera bien los deberes, pues años después similares críticas se oyeron tras el accidente de otro transbordador, el *Columbia*, el 1 de febrero de 2003.

Tripulación del *Columbia*, el otro transbordador destruido en una misión espacial, esta vez en 2003, durante su reentrada en la atmósfera terrestre a causa de una loseta desprendida.

El accidente del *Columbia*

El *Challenger* no ha sido el único transbordador espacial en destruirse durante una misión. El 1 de febrero de 2003, el transbordador espacial *Columbia*, durante la misión STS-107, quedó destruido durante su reentrada en la atmósfera después de haber permanecido 15 días en el espacio. La causa fue una pieza del escudo térmico que se perdió durante el lanzamiento y que hizo que el ala se recalentara al volver a la tierra. Los siete tripulantes fallecieron.

Errores fatales
(o cómo morir tontamente)

A nadie le gusta morir y muchísimo menos de una forma absurda. Ya sea por mala pata, falta de habilidad o imprudencia, muchas personalidades se han ido al otro barrio de la forma más tonta posible.

Hay muchos más de los que imaginamos. Tantos que, en 1985, se crearon los Premios Darwin, que irónicamente se conceden (de forma póstuma, claro) al individuo o individuos que mueren por un descuido o error absurdo. Aunque parezcan unos premios de broma, la organización se lo toma muy en serio y ha establecido una lista de requisitos para poder acceder al curioso galardón. Estos son:

- El candidato debe estar muerto.
- La muerte debe ser causada por una asombrosa falta de sensatez.
- La muerte debe ser propia, no sirve matar a otro.
- La persona debe estar en su sano juicio.
- El acontecimiento debe ser verificado.

Según palabras de su creadora, la bióloga molecular Wendy Northcutt, los Darwin «premian a los individuos que protegen nuestro patrimonio genético a través del sacrificio máximo: eliminándose a sí mismos de modos asombrosamente idiotas, mejorando así las posibilidades de la raza humana para sobrevivir a largo plazo».

La mayoría de galardonados son personajes anónimos cuyas muertes han sido recopiladas a lo largo de los años. Pero si rebuscamos en la historia, también encontraremos unas cuantas personalidades que terminaron sus días de la forma más absurda posible. Aquí tienes algunos ejemplos:

Esquilo (525 a.C.-456 a.C.)

Considerado como el creador de la tragedia griega, el autor de *Los persas*, *Orestíada* o *Los siete contra Tebas* tuvo una muerte de lo más teatral. El oráculo le había vaticinado que moriría aplastado por el tejado de una casa. Asustado, decidió irse a vivir fuera de la ciudad, donde había menos probabilidades de morir por ese motivo. La mala fortuna quiso que curiosamente falleciera poco después al ser golpeado por el caparazón de una tortuga lanzada desde el aire por un buitre quebrantahuesos.

Arquímedes de Siracusa (287 a.C.-212 a.C.)

Fue un gran matemático griego, que destacó también como físico, ingeniero, astrónomo e inventor. Considerado como uno de los científicos más importantes de la Antigüedad, entre sus logros destacan sus avances en hidroestática, estática y la explicación del principio de la palanca. También se le reconoce el diseño de innovadoras máquinas, incluyendo armas de asedio y el famoso tornillo de Arquímedes, utilizado para el bombeo de fluidos. Su muerte ocurrió durante la segunda guerra púnica, cuando las fuerzas romanas del general Marco Claudio Marcelo capturaron la ciudad de Siracusa tras un asedio de dos años. Según un popular relato de Plutarco, Arquímedes estaba contemplando un diagrama matemático cuando la ciudad fue tomada. Marcelo estaba muy interesado en contar con la sabiduría del griego y ordenó que lo trajeran a su presencia. Siempre según el relato, un soldado romano se presentó en casa de Arquímedes y le dio orden de seguirlo hasta donde se hallaba su general. El sabio andaba muy ocupado con un problema

Arquímedes, de Domenico Fetti. El gran pensador murió porque se enfrentó a un soldado romano que le había sacado de sus casillas.

de cálculo y diríamos que lo mandó a paseo. El romano se irritó de tal manera que desenvainó la espada y lo mató sin más.

Atila (406-453)

El último y más poderoso caudillo de los hunos llegó a gobernar el mayor imperio europeo de su tiempo. Conocido en Occidente como «el azote de Dios», sus posesiones se extendían desde Europa Central hasta el Mar Negro, y desde el río Danubio hasta el mar Báltico. Un personaje tan temido y admirado se fue de esta vida a causa de una grave pero simple hemorragia nasal durante la noche de su última boda (con una mujer goda llamada Ildico).

Atila y su hermano Bleda, rezando. Bleda murió en un sospechoso accidente de caza cuando estaban juntos. Atila, por una hemorragia nasal. La imagen se atribuye a Tulipán Tamás.

Jean-Baptiste Lully (1632-1687)

Fue un compositor francés y uno de los introductores de la ópera en Francia. Su gran influencia sobre la música culta de la época llegó a su fin a causa de una herida que se hizo en el pie con su bastón de director de orquesta. Por aquel entonces todavía no existía la batuta y el compás se llevaba golpeando el suelo con una pesada barra. Por lo visto, su pie se interpuso más de una vez en el camino y las heridas acabaron por gangrenarse. Como tenía intención de ser bailarín, se negó rotundamente a que le amputaran el miembro infectado. Esto provocó una lenta y dolorosa muerte acaecida el 22 de marzo de 1687, con sólo 35 años de edad.

Adolfo Federico de Suecia (1710-1771)

¿Quién dijo que no se come bien en el norte de Europa? Este monarca sueco no pensaba lo mismo cuando a los 61 años se regaló una opípara cena a base de langosta, caviar, chucrut, sopa de repollo, ciervo ahumado, champán y hasta 14 platos de postre. El rey murió a los pocos días a causa de graves problemas digestivos.

Allan Pinkerton (1819-1884)

Este detective y espía escocés pasará a la historia por ser el creador de la primera agencia de detectives del mundo (Agencia Pinkerton). La insignia de la agencia era un ojo abierto de par en par con el lema: *Nunca dormimos* (*We Never Sleep*). Antes de prestar sus servicios al ejército de la Unión, desarrolló varias técnicas de investigación aún usadas hoy en día, como el seguimiento o rastreo de sospechosos o la suplantación o creación de personajes para misiones de espionaje. Durante la guerra de Secesión sirvió como Jefe del Servicio de Inteligencia de la Unión, donde llegó a frustrar un presunto intento de asesinato contra el presidente Abraham Lincoln. Un tipo tan espabilado acabó muriendo de la forma más tonta. Caminando por la calle, resbaló y se dió de bruces contra el suelo. Al hacerlo se mordió la lengua de tal modo que el 1 de julio de 1884 moría a causa de la infección.

El gran Houdini murió por una absurda apuesta: retó a un grupo de estudiantes a darle una serie de golpes en el estómago para demostrar su resistencia.

Harry Houdini (1874-1926)

Este famoso ilusionista húngaro era conocido por sus escapismos imposibles, gracias en parte a su gran resistencia física. Una noche de octubre de 1926, unos estudiantes universitarios se acercaron a saludar al mago tras finalizar uno de sus espectáculos. Uno de ellos retó a Houdini a recibir unos cuantos golpes en el abdomen para comprobar su famosa resistencia. El mago aceptó y aunque aguantó bien el envite de golpes, sufrió sin saberlo una rotura del apéndice. A pesar del dolor, Houdini siguió con el espectáculo durante los siguientes días hasta que tuvo que ser hospitalizado de urgencia. En la madrugada del 31 de octubre de 1926, el escapista falleció a los 52 años a causa de una peritonitis aguda provocada por la absurda apuesta.

Isadora Duncan (1878-1927)

La extraña muerte de la bailarina estadounidense contribuyó aún más a consolidar su mito. La noche del 14 de septiembre de 1927, Isadora Duncan viajaba de copiloto en el automóvil de un amigo cuando la fatalidad quiso que la larga chalina que llevaba alrededor del cuello causara su muerte por estrangulamiento. Al día siguiente, el *New York Times* publicó un obituario donde podía leerse la relación de los hechos: «El automóvil iba a toda velocidad cuando la estola de fuerte seda que ceñía su cuello empezó a enrollarse alrededor de la rueda, arrastrando a la señora Duncan con una fuerza terrible, lo que provocó que saliese despedida por un costado del vehículo y se precipitase sobre la calzada de adoquines. Así fue arrastrada varias decenas de metros antes de que el conductor, alertado por sus gritos, consiguiese detener el automóvil. Se obtuvo auxilio médico, pero se constató que Isadora Duncan ya había fallecido por estrangulamiento, y que sucedió de forma casi instantánea.» Se dio la terrible circunstancia de que sus dos hijos (Deirdre y Patrick) también habían muerto en accidente de tráfico al precipitarse al río Sena el coche en el que viajaban junto a su nodriza, en 1913.

Fotografía de Isadora Duncan en torno a 1910. La gran y bella bailarina murió de la manera más cruel y absurda con sólo 50 años.

El dramaturgo Tennessee Williams. Alcohólico, murió de una manera indirecta por su adicción a las pastillas cuanto tenía 71 años.

Tennessee Williams (1911-1983)

Las adaptaciones de este dramaturgo estadounidense cosecharon grandes éxitos cinematográficos en la época dorada de Hollywood. En 1948, ganó el Pulitzer de teatro por *Un tranvía llamado Deseo*, y en 1955 por *La gata sobre el tejado de zinc*. Otras obras destacadas que llevan su firma fueron *El zoo de cristal*, *La noche de la iguana* y *La rosa tatuada*, galardonada con el Premio Tony. Una vida cargada de éxitos profesionales que se vio absurdamente truncada la noche del 25 de febrero de 1983. A la edad de 71 años, murió solo en una habitación de hotel al atragantarse con la tapa de un frasco de pastillas y bajo la influencia del alcohol.

Para saber más

Leer libros de historia es apasionante, aunque muchos aficionados coinciden en lo mismo: es complicado encontrar obras que aglutinen todo aquello que nos interesa de una forma clara y entretenida.

Para empezar, lo mejor es adquirir un buen Atlas de Historia (antigua o contemporánea) ordenado cronológicamente y que nos permita hacernos una idea general de aquello que más nos interese.

Pero si queremos profundizar más en un determinado episodio histórico, lo mejor será acercarnos a una biblioteca pública o una librería especializada y hacernos con una bibliografía más específica. Aquí os ofrecemos algunos títulos recomendados sobre los temas que aparecen en esta obra:

AMAT, ORIOL: *Euforia y pánico: aprendiendo de las burbujas y otras crisis, del crack de los tulipanes a las subprime*, Ed. Planeta, Barcelona, 2009

ANÓNIMO: *La saga de los Groenlandeses*, Ed. Siruela, Madrid, 1984

APRILE, PINO: *El elogio del error*, Temas de hoy, Madrid, 2003

BAKER, S.: *Roma. Auge y caída de un imperio*, Ed. Ariel, Barcelona, 2007

CASAS, BARTOLOMÉ DE LAS: *Historia de las Indias*, Alianza Editorial, Madrid, 1994

COFFEY, M.: *Días de infamia. Grandes errores militares de la Segunda Guerra Mundial*, Salvat Editores, Barcelona, 2000

DAVIES, N.: *Los aztecas*, Ed. Destino, Barcelona, 1977

DEULOFEU, A.: *Los grandes errores de la historia*, Ed. Aymà, Barcelona, 1958

DÍAZ DEL CASTILLO, B.: *Historia verdadera de la conquista de la Nueva España*, Linkgua Ediciones, Barcelona, 2007

DURSCHMIED, E.: *El factor clave. Cómo el azar y la estupidez han cambiado la historia*, Salvat Editores, Barcelona, 2002

FAVERJON, PHILIPPE: *Las mentiras de la Segunda Guerra Mundial*, El Ateneo, Buenos Aires, 2005

FAWCETT, B.: *Cómo perder una batalla*, Ed. Inèdita, Barcelona, 2009

FOLLY, MARTIN H.: *Atlas histórico de la Segunda Guerra Mundial*, Ed. Akal, Madrid, 2008

GALILEI, G.: *Diálogo sobre los dos grandes sistemas del mundo*, Alianza Editorial, Madrid, 1995

HALL, R.: *El mundo de los vikingos*, Ed. Akal, Madrid, 2008

HERNÁNDEZ, J.: *Breve historia de la Segunda Guerra Mundial*, Ed. Nowtilus, Madrid, 2006

HOMERO: *La Ilíada*. Trad. de Emiliano Aguado, Ed. Edhaf, Madrid, 1980

HOWARD, M.: *La Primera Guerra Mundial*, Ed. Crítica, Barcelona, 2003

JUDT, T.: *Postguerra. Una historia de Europa desde 1945*, Ed. Santillana, Madrid, 2006

KENNEDY, D. M. Y HOJMAN, E.: *Entre el miedo y la libertad. Los Estados Unidos, de la Gran Depresión al fin de la Segunda Guerra Mundial*, Edhasa, Barcelona, 2005

KING FAIRBANK, J.: *China, una nueva historia*, Ed. Andrés Bello, Barcelona, 1992

KRAMER, H. Y SPRENGER, J.: *Malleus Maleficarum*, Círculo Latino. Barcelona, 2005

LANE FOX, R.: *El mundo clásico. La epopeya de Grecia y Roma*, Ed. Crítica, Barcelona, 2007

LAPIERRE, DOMINIQUE Y MORO, JAVIER: *Era medianoche en Bhopal*, Barcelona, 2008

LE GLAY, M.: *Grandeza y decadencia de la República romana*, Ed. Cátedra, Madrid, 2001

LEGUINECHE, M.: *Recordad Pearl Harbor,* Ed. Temas de Hoy, Madrid, 2001

LIVIO, T.: *La Segunda Guerra Púnica,* Alianza Editorial, Madrid, 2009

LOTTMAN, H.: *La caída de París,* Tusquets Editores, Barcelona, 1993

LUKACS, J.: *Junio de 1941. Hitler y Stalin,* Turner Publicaciones, Madrid, 2006

MANSTEIN, ERICH VON: *Victorias frustradas,* Inedita Editores, Barcelona, 2006

MURRAY W. Y MILLETT, ALLAN R.: *La guerra que había que ganar. Historia de la Segunda Guerra Mundial,* Ed. Crítica, Barcelona, 2002

NÚÑEZ SEIXAS, XOSÉ M.: *Imperios de muerte. La guerra germano soviética,* Alianza Editorial, Madrid, 2007

PITA, R.: *Armas químicas,* Plaza y Valdés Editores, Madrid, 2008

PLUTARCO: *Vidas paralelas,* Ed. Belacqva, Barcelona, 2008

REES, L.: *Una guerra de exterminio. Hitler contra Stalin,* Ed. Crítica, Barcelona, 2006

REGAN, GEOFFREY: *Historia de la incompetencia militar,* Ed. Crítica, Barcelona, 2007

RÖSSING, R.: *Los errores de la historia,* Ed. Swing, Barcelona, 2007

SELLÉS, M. Y SOLÍS, C.: *Historia de la Ciencia,* Ed. Espasa, Madrid, 2005

SHAW, I.: *Historia del Antiguo Egipto,* La Esfera de los Libros, Madrid, 2007

STRAUSS, B.: *La guerra de Troya,* Edhasa, Barcelona, 2008

STROSSER, ED Y PRINCE, MICHAEL: *Breve historia de la incompetencia militar,* Ediciones B, S.A., Barcelona, 2009

SOLAR, DAVID: *La caída de los dioses: los errores estratégicos de Hitler,* La esfera de los libros, Madrid, 2005

TEJERO, JUAN: *Qué ruina de película,* T&B Editores, 2008

VIRGILIO P.: *La Eneida,* Alianza Editorial, Madrid, 1999

VOLTES, PERE: *Errores y fraudes de la ciencia y la técnica,* Ed. Planeta, Barcelona, 1995

VV AA.: *Biblia de Jerusalén,* Desclée de Brouwer, Bilbao, 2002

VV.AA.: Director: Miguel Artola. *Historia de Europa,* Ed. Espasa Calpe, Madrid, 2007

VV.AA. *Titanic: historia y secretos, la leyenda de un naufragio,* Librería Universitaria, Barcelona, 2008

WOOD, A.J.: *Errata: un libro de errores históricos,* Diagonal, Barcelona, 2001

YOUNGSON, R.: *¡Fiasco! Aprendiendo de los errores de la ciencia,* Ed. Robinbook, Barcelona, 2003

WEIR, S.: *History's Worst Decisions,* Quid Publishing, Hove, 2008

ZAMOYSKI, A.: *1812. La trágica marcha de Napoleón sobre Moscú,* Random House Mondadori, Barcelona, 2005

Índice analítico

Créditos de las imágenes

a = arriba; **b** = abajo

DREAMSTIME

WIKIPEDIA COMMONS
22 ©Marie-Lan Nguyen; **24** BY DieBuche; **47** BY James Steakley; **127** BY Paravis; **149** wiki BY Josep Renalias; **179** BY David Monniau; **204b** BY xantener; **213a** BY AgnosticPreachersKid; **215** BY Yann; **216** BY Pete Souza, The Obama-Biden Transition Project; **233** BY Lyn Gateley; **238** BY ignis; **242** BY Calibas; **252a** BY d-online; **265** BY Anynobody; **269a** BY Jolomo at en.wikipedia; **269b** BY Simone.lippi at it.wikipedia; **271** BY Obi from Roma; **276** ©Elena Filatova; **277a** BY Lamiot on fr.wikipedia

GETTY
85

Pere Romanillos es periodista, escritor, guionista y experto en batacazos. Se lo toma a broma (lo de los batacazos), por eso, nadie mejor que él para dar cuenta de los grandes errores de la humanidad con un tono irónico aunque siempre riguroso con los hechos. Sostiene que el hombre es el único animal que tropieza dos veces con la misma piedra y encima tiene la desfachatez de echarle la culpa a la piedra. Él prefiere reírse de ella, patearla y seguir su camino sin mirar al suelo, que por otra parte es mucho más divertido y constructivo.

Optimista militante, le gusta y confía en la especie humana (cree que es la más cómoda para conducir y jugar al basket). Está convencido de su capacidad para superar los errores, accidentes, guerras, crisis y todo lo malo que nos queda por pasar. ¿Cómo lo conseguirá? Fácil: con la sana costumbre que tiene de levantarse cada vez que se cae. Y si no, para eso están los libros, la buena comida, las vacaciones… y las tiritas.